Hacia la empresa íntegra

Por qué muchas empresas son como son
Por qué y cómo otra empresa es posible

Miguel Ángel Rodríguez Badal

© Hacia la empresa íntegra
© Miguel Angel Rodriguez Badal
ISBN: 978-84-686-0734-4
ISBN ebook: 978-84-686-0686-6

Editor Bubok Publishing S.L.
Impreso en España/Printed in Spain

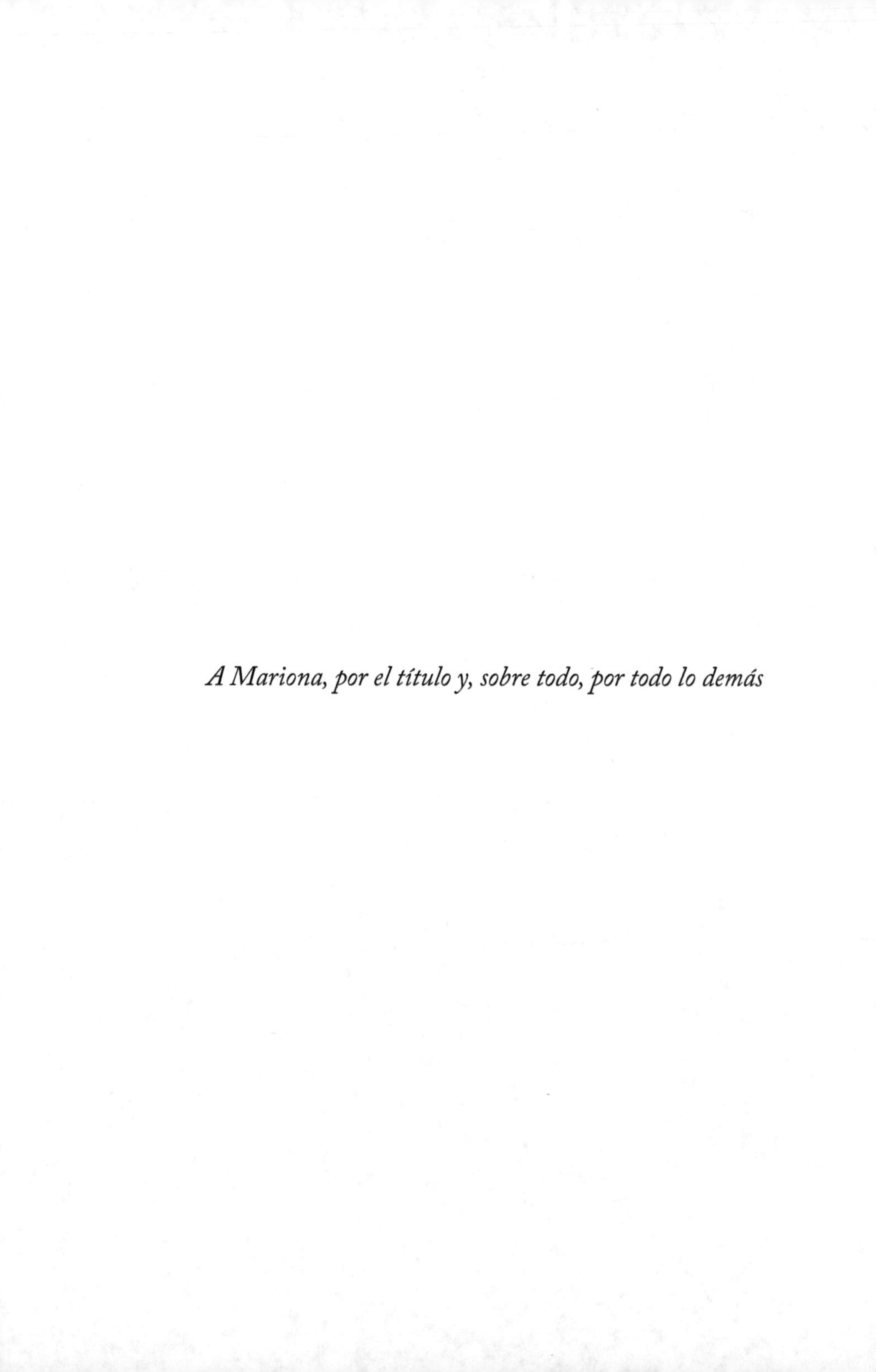

A Mariona, por el título y, sobre todo, por todo lo demás

Índice

Agradecimientos

Mi más profundo agradecimiento a

Andrés Rábago, El Roto, por su capacidad de síntesis y de despertar conciencias, y por su amabilidad al haberme permitido enriquecer el texto con algunas de sus viñetas;

Andreu Varela, Franc Ponti, Jorge Sánchez, Luis Gascón y Manolo Badal por sus comentarios, ánimos y amistad;

Mariona, Irene y Pau por estar siempre allí.

Prefacio

D. Quijote: Mi buen Sancho. He escrito un libro y me gustaría que te lo leyeras. No sufras que no te llevará mucho tiempo. Para no aburrir al lector, me he aplicado el refrán "más valen quintaesencias que fárragos".

Sancho: Vuesa Merced sabe que lo mío no son las letras. Pero si así lo desea, me lo leeré. ¿Y de qué trata la obra?

D. Quijote: El libro se intitula **Hacia la empresa íntegra**. Como el título indica, el mensaje que quiero transmitir es que otra empresa es posible.

Sancho: Vuesa Merced siempre tan quijote. Las cosas son como son. A los que mandan lo que les preocupa es cómo volver a los años de la ganancia fácil. Y a la gente como yo, si mañana podrá llenar el plato.

D. Quijote: Sancho, ¡siempre tan pesimista!

Sancho: Y Vuesa Merced, ¡siempre tan idealista! No soy pesimista, soy realista.

D. Quijote: ¡No me hables de realismo! Precisamente de eso versa el primer capítulo.

Sancho: ¿Del realismo?

D. Quijote: De si la realidad es real.

Sancho: Pues empezamos bien …

D. Quijote: Como dijo Campoamor, dos siglos después de que el genio de don Miguel nos inmortalizara, "todo es según el color del cristal con que se mira".

Sancho: Sí, bien … ¿y qué importancia tiene esto?

D. Quijote: Pues es importante. Porque, por ejemplo, cuando creemos ver gigantes en realidad son, o pueden ser, molinos de viento. Y el problema es que unos malandrines han desarrollado una forma de pensar neoliberal que nos ha metido en el atolladero en el que agora nos encontramos. Han hecho que todos miremos por el agujero que ellos han creado e intentan convencernos de que lo que vemos a través de su agujero es la realidad y no hay otra forma de verla. Y, además, es importante porque, como dijo Einstein, otro genio, no es posible solucionar un problema usando el mismo nivel de pensamiento que lo ocasionó.

Sancho: Vuesa Merced, ¡alto el carro! No siga, que ya lo leeré y espero entender lo que quiere decir. ¿Y de qué más va el libro?

D. Quijote: Pues de que el ser humano no es un ser egoísta, racional y codicioso. Y de que lo único que nos mueve no es el dinero. De nuevo, los malandrines de que te hablaba es lo que quieren hacernos creer.

Sancho: Y entonces, ¿cómo somos? ¿Y qué nos interesa que no sea el vil metal?

D. Quijote: Pues no somos puros ángeles, pero tampoco puros demonios. Y necesitamos maravedíes para llenar el buche, pero, como a mí en mis andanzas por La Mancha, también nos mueven otros intereses. Todos queremos desfacer entuertos.

Sancho: Pero decía que el libro se intitula **Hacia la empresa íntegra**. Y, me pregunto yo, ¿qué tiene todo esto que ver con esa otra empresa posible?

D. Quijote: ¡Ay, mi buen Sancho! ¡Qué simple eres a veces! El agujero por el que nos hacen mirar sólo permite ver el tipo de empresa que más abunda agora. Pero, si osamos mirar con ojos limpios, veremos que las empresas pueden ser de otra manera. La segunda parte del libro habla de la empresa íntegra. Una empresa que confía en la integridad de la persona y la promueve. Una empresa formada por hombres cabales. Una empresa que, como no podía ser de otra forma, necesita ganarse el sustento, pero movida esencialmente por una vocación de servicio al ser humano, a la sociedad y a este planeta que es nuestra casa común.

Sancho: Vuesa Merced, no sé si se trata de otra quijotada de las suyas. Pero, como me ha pedido, con gusto me leeré el libro. Cuando lo acabe, le daré mi opinión.

D. Quijote: Muchas gracias, Sancho. Espero que lo disfrutes.

Introducción

Que la economía está en crisis es una realidad innegable. Parece oportuno comenzar esta obra con esta afirmación porque, probablemente, sea la única capaz de despertar un amplio consenso. Sin embargo, a la hora de analizar las causas de esta crisis y proponer posibles soluciones, conseguir un grado de consenso similar es, con igual probabilidad, una tarea harto difícil por no decir, directamente, imposible. Diversos intereses e inercias y el miedo al cambio explican esta situación. Como el propósito de este libro es profundizar en este terreno y, a partir de ello, aportar algunas sugerencias en el ámbito de la gestión empresarial, es de esperar que las reacciones que despierte sean variopintas. En cualquier caso, parece necesario abordar el problema en profundidad. La crisis de 2008 que, en los momentos en que se escribe este libro, continuamos sufriendo no es un episodio aislado. En los últimos años hemos tenido la desgracia de ser testigos, y sufrir las consecuencias, de sucesos como el hundimiento de empresas (Enron, Worldcom, Arthur Andersen, Parmalat ...), la explosión de burbujas especulativas como la de las puntocom o la del mercado inmobiliario, las crisis latinoamericana o del sudeste asiático, los problemas de diversas deudas soberanas, etc. Al buscar pautas comunes de dichos sucesos, en todos ellos encontramos que comparten el siguiente binomio: comportamientos guiados por la desmesura, la codicia y el egoísmo, y consecuencias de dichos comportamientos que terminan recayendo sobre los más vulnerables y menos culpables. En definitiva, no se trata de episodios ni comportamientos aislados, sino que todos comparten causas comunes cuyas raíces ideológicas es necesario aislar y eliminar si queremos evitar que continúen produciendo nuevos brotes.

elroto.elpais@gmail.com

Einstein dijo que no es posible solucionar un problema usando el mismo nivel de pensamiento que lo ocasionó[1]. De acuerdo con ello y con la gravedad del problema, resulta perentorio identificar la forma de pensar que nos ha llevado a donde nos encontramos y sustituirla por otra que nos permita construir otra economía, otra empresa y otro mundo mejores. Pero, ¿cómo hacerlo? Peter Drucker, considerado el padre de la gestión empresarial moderna y cuyo pensamiento sigue despertando un profundo respeto, aunque por desgracia con frecuencia no sea tenido en cuenta, decía[2]: "el origen más común de los errores en la toma de decisiones empresariales es el énfasis en encontrar la respuesta correcta en lugar de la pregunta correcta". Siguiendo a Drucker, consideramos que tratar de encontrar soluciones a la situación actual del mundo económico y empresarial exige que nos planteemos tres preguntas: ¿es real la realidad?, ¿qué

14

es el ser humano? y ¿qué es el éxito? Es decir, que reflexionemos sobre cómo y por qué concebimos el éxito, al ser humano y nuestra relación con la realidad de la forma que lo hacemos. Los tres primeros capítulos de esta obra están dedicados a dar respuesta a estos interrogantes, a encontrar y justificar concepciones alternativas y, en definitiva, a plantear un nuevo marco de pensamiento. Con el telón de fondo del mismo, los dos últimos capítulos profundizan en temas ligados de una forma más directa a la empresa. En el cuarto se plantean las tres polaridades básicas que implica la gestión empresarial, desde la perspectiva del pensamiento económico dominante y a la luz de las visiones alternativas de la realidad, el ser humano y el éxito propuestas. Por último, en el quinto capítulo se presentan las profundas implicaciones de todo lo visto anteriormente en la gestión de los tres fundamentos básicos de una empresa: las personas, la cultura compartida y los aspectos organizativos.

Dada la popularidad actual de la Responsabilidad Social Empresarial (RSE), resulta oportuno indicar que la idea de empresa íntegra que se propone no es simplemente un avance incremental respecto a la RSE. Por el contrario, es una propuesta que parte de un análisis en profundidad de las causas raíz que han llevado a que en la actualidad predomine una determinada concepción empresarial y de las consecuencias negativas que de ello se derivan. En suma, la empresa íntegra es una propuesta radical, porque va a la raíz de las causas y de las consecuencias, e innovadora, porque se aparta de los cauces pretendidamente posibilistas sugeridos por otras propuestas como la RSE.

En la *figura 1* se presenta gráficamente el plan de la obra. En el círculo externo, encontramos las tres temáticas tratadas en los tres primeros capítulos. En el intermedio, las tres polaridades empresariales que consideramos básicas y que constituyen la temática del capítulo cuarto. Finalmente, en el círculo interno vemos los tres fundamentos empresariales sobre los que versa el capítulo quinto. Más que una ayuda visual para la comprensión de dichos temas, la figura no es sino un simple resumen gráfico del contenido del libro. Lo más relevante que intenta reflejar la figura son las interrelaciones existentes, tanto entre los temas de cada círculo como entre los tres círculos. Es de esta interconexión de donde emerge la empresa íntegra.

Antes de avanzar según el plan previsto, creemos oportuno advertir al lector potencial qué tipo de trabajo tiene en sus manos para que, de esta forma, pueda evaluar su posible interés. El libro es, ante todo, un intento de contribuir a una reflexión que juzgamos necesaria. Por ello, se ha evitado ilustrar las ideas expuestas con ejemplos de experiencias de empresas que, global o parcialmente, están en línea con la concepción de empresa íntegra que se presenta. Aunque quizá sea equivocado, porque muchas veces un ejemplo puede resultar de gran ayuda, con ello hemos pretendido dos cosas: presentar de forma desnuda la reflexión, invitando al lector a una lectura crítica de la misma, y limitar la extensión del libro para favorecer que el máximo número de lectores encuentren el tiempo necesario para dicha lectura. En resumen, **Hacia la empresa íntegra** no es un manual empresarial lleno de ejemplos y recetas sino que es, o aspira a ser, una contribución al esfuerzo de reflexión necesario y urgente sobre por qué los mundos económico y empresarial son como son en la actualidad y sobre cómo podrían ser. Si su contenido resuena en las mentes y corazones de aquellos lectores que, por sus responsabilidades, tienen la posibilidad de hacer algo, nos daríamos por satisfechos, porque habríamos realizado una pequeña contribución a la ingente obra de edificar un mundo más humano, justo, solidario y mejor.

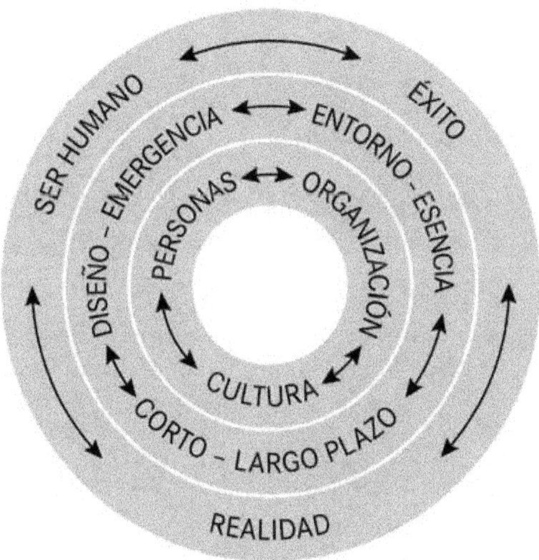

Figura 1. *La empresa íntegra*

Notas

Introducción

[1] Einstein, Albert, **Mi visión del mundo**, Tusquets Ed., 3ª edición, marzo, 2000.

[2] Drucker, Peter, **The Effective Executive**, Harper & Row, 1966.

Capítulo 1

¿Es real la realidad?

Figura 2. *Concepción de la realidad*

Los ciegos y el elefante[3]

Una vez Buddha estaba en Jetavana, en el reino de Sravasti. A la hora de la comida los monjes cogieron sus cuencos y fueron a la ciudad a mendigar alimento. Pero como no era aún mediodía y era muy temprano para entrar en la ciudad decidieron ir un rato a una sala donde se reunían los brahmanes; cogieron sitio y se sentaron.

En aquel momento los brahmanes discutían entre ellos acerca de sus libros santos y se había formado una disputa que no conseguían resolver. Riñendo unos con otros se decían: 'Esto que sabemos es ley; lo que sabéis vosotros, ¿cómo puede ser la ley? Lo que nosotros sabemos está de acuerdo con la doctrina; lo que vosotros sabéis ¿cómo puede estar de acuerdo con la doctrina? Lo que debe decirse después, vosotros lo decís antes. Vuestra ciencia es vana y no tenéis el menor conocimiento'. Era así como repartían los golpes con el arma de la lengua y por cada golpe recibido devolvían tres. Los monjes, tras observar a las dos partes insultarse, no autentificaron ninguna de las opiniones, se levantaron de sus sitios y fueron a mendigar alimento a la ciudad.

De vuelta a Jetavana se sentaron cerca de Buddha y le contaron lo sucedido. El Buddha contó esta historia:

Hace mucho tiempo había un rey que comprendía la Ley búdica, pero las personas, ministros o gente del pueblo, estaban en la ignorancia. Referente a las enseñanzas parciales, tenían fe en el resplandor de cualquier estrella brillante y dudaban de la claridad del sol y de la luna. El rey, deseando que sus gentes no se quedaran entre mares y navegaran por grandes océanos, decidió mostrarles un ejemplo de su ceguera. Ordenó a sus emisarios recorrer el reino para buscar ciegos de nacimiento y traerlos al palacio.

Cuando los ciegos fueron reunidos en la sala del palacio el rey dijo: 'enseñadles los elefantes'. Los oficiales llevaron a los ciegos junto a los elefantes y se los mostraron guiándoles las manos. Uno de los ciegos cogió la nalga del elefante, otro agarró la cola, otro cogió la raíz de la cola, otro tocó el vientre, otro el costado, otro la espalda, otro una oreja, otro la cabeza, otro un colmillo, otro la trompa.

Los emisarios llevaron después a los ciegos ante el rey quien les preguntó: '¿A qué se parece un elefante?'. El que había tocado una nalga contestó: 'Oh sabio rey, un elefante es como un tubo'. El que había tocado la cola decía que el elefante era como una escoba; el que había agarrado la raíz de la cola que era como un bastón; el que había tocado el vientre que era como una pared; el que había tocado la espalda que era como una mesa elevada; el que había tocado la oreja que era como un gran plato; el que había tocado la cabeza que era como una gran extensión; el que había tocado un colmillo que era como una lanza; el que había tocado la trompa contestó: 'Oh gran rey, un elefante es como una cuerda'.

Cuestionarse qué es la realidad, qué relación mantenemos con ella, puede parecer un ejercicio intelectual gratuito y, en todo caso, muy alejado del concreto, práctico y poco dado a elucubraciones teóricas mundo de la empresa. Sin embargo, plantearse la posibilidad de avanzar hacia otro tipo de empresa requiere reconocer la influencia capital que una determinada forma de entender la realidad y la relación que mantenemos con la misma, ha tenido en la forma de concebir la empresa y, por tanto, en el papel de ésta en el mundo. En este capítulo describiremos la visión dominante y las razones de su preponderancia, plantearemos y justificaremos una concepción alternativa, y comentaremos las implicaciones que una u otra forma de considerar la realidad tienen para las empresas y, en consecuencia, para la sociedad y el planeta en su conjunto.

Tan sólo una ilusión. Aproximación dominante a la realidad

La aproximación dominante a la realidad es de tipo lineal y basada en la idea de separación. La realidad es algo objetivo que nos rodea y que está fuera de nosotros (véase la *figura 2*). Obviamente, actuamos en ella, pero siempre como sujetos que contemplan o estudian un objeto y, a partir de ello, interactúan con el mismo. Como veremos a continuación, esta concepción nace de una necesidad psicológica innata, pero se refuerza con la influencia que la epistemología que ha dominado durante siglos la praxis científica, y que continúa siendo el fundamento del neoliberalismo económico, ha ejercido en nuestra cultura y, en definitiva, en nuestra visión del mundo.

Figura 3. *El ser humano y la realidad: concepción dominante*

Causas naturales de la aproximación dominante a la realidad

Una de los elementos necesarios de una célula, la forma de vida más elemental, es la membrana. La membrana celular satisface dos necesidades interrelacionadas y aparentemente contrapuestas: crea una separación entre la célula y el entorno, y posibilita la relación entre ambos. Sin separación y sin relación no hay vida. A otro nivel, los seres humanos compartimos con la célula ambas necesidades. Tenemos que sentirnos separados del entorno para gozar de una noción de individualidad y, al mismo tiempo, hemos de relacionarnos con el entorno para poder vivir y desarrollarnos en todos los planos. Los espectaculares avances de las neurociencias en los últimos años confirman que la necesidad psicológica de sentirnos separados es producto de una estrategia de supervivencia desarrollada por nuestros antepasados a lo largo de cientos de millones de años de evolución. Creamos la idea de separación para formar fronteras entre nosotros y el mundo, entre un estado mental y otro estado mental. El lóbulo parietal izquierdo de nuestro cerebro establece que nuestro cuerpo es distinto del mundo y el derecho nos indica dónde se encuentra nuestro cuerpo comparándolo con las características del entorno. La consecuencia es la asunción subyacente automática de que "estoy separado y soy independiente"[4]. Como decimos, este pensamiento no deja de ser una necesidad psicológica que es útil en determinadas circunstancias, razón por la cual se ha visto favorecido por la evolución. Sin embargo, es una "ilusión" que ha tenido graves consecuencias para cada uno de nosotros, para las relaciones que mantenemos con los demás y para la relación que tenemos con el planeta. Esta ilusión de separación nos genera una predisposición hacia el pensamiento lineal, una forma de pensar que da por descontado que la causa y el efecto están cercanos en el espacio y en el tiempo, y ha tenido un papel fundamental en el desarrollo de los problemas humanos, sociales, económicos y ecológicos a los que nos enfrentamos.

Causas epistemológicas de la aproximación dominante a la realidad

Históricamente, la ciencia ha considerado que su propósito último era alcanzar el conocimiento absoluto y objetivo de la realidad y las leyes que la gobernaban. En este sentido, las sucesivas teorías eran aproximaciones a este objetivo y sus posibles errores deficiencias que el tiempo se encargaría de subsanar. Pero se mantenía una confianza ciega en que, al final, sin duda, el método científico permitiría cumplir dicho propósito. Hoy en día, un número creciente de científicos, al menos los más conscientes, consideran que dicho optimismo es injustificado. Creen en el progreso de sus diversas áreas de saber, pero no en la posibilidad de que algún día puedan alcanzar el conocimiento absoluto. Veamos, por ejemplo, lo que ha pasado en una ciencia básica como la física. La física de Newton gozó durante siglos de la consideración de suponer el conocimiento absoluto de la materia y las leyes que la regían. Los desarrollos de Einstein, Bohr, Heisenberg, Schrödinger, etc. demostraron que, si bien la física clásica de Newton todavía podía ser útil para la comprensión de determinados fenómenos de la materia macroscópica, la relatividad y la cuántica eran teorías más apropiadas para el conocimiento, respectivamente, del cosmos y el microcosmos. Hoy en día, los físicos continúan buscando la unificación de sus propuestas, pero con una actitud, al menos entre los más conscientes (que normalmente son los más cualificados), mucho más humilde.

La economía y la gestión empresarial aspiran a ser consideradas ciencias sociales. Una diferencia sustancial entre las ciencias naturales, como la física o la química, y las ciencias sociales, como la sociología o la economía, es la mayor complejidad del objeto de estudio de las segundas. Evidentemente, el ser humano y las relaciones humanas son realidades muchísimo más complejas que el átomo o las moléculas. Otra diferencia importante es que mientras, como decíamos más arriba, hoy en día la mayoría de los grandes físicos o químicos saben que sus teorías no son sino descripciones provisionales y, por tanto, sujetas a revisión, muchos de los economistas y profesores de gestión parecen ignorar que su aproximación a la realidad es, necesariamente, más limitada que la de los físicos (dada la complejidad de su objeto de estudio) y, por lo tanto, en mayor medida provisional y revisable. Por último, otra diferencia importante es que, al contrario que las ciencias naturales, las sociales influyen en su objeto de estudio: mientras que el carácter parcial o equivocado de una teoría sobre el átomo no modificará su realidad sino nuestra visión del mismo, una consideración parcial o equivocada de la naturaleza humana puede influir en ésta. Siendo éste el caso, resulta sorprendente que, mientras que los físicos son en su mayoría conscientes de la relación entre el observador y el objeto observado, el grueso de la academia económica y empresarial siga actuando como si fueran forenses (sujetos) que analizan de forma objetiva y aséptica una realidad externa (objeto).

Creadores de realidad

Las distintas ciencias focalizan su mirada en determinados aspectos de la realidad. Ciertamente, no podría ser de otra manera. El pensamiento científico tiene como principal instrumento la razón y ésta es intrínsecamente limitada: no puede abarcar la totalidad. Pero no sólo la mirada científica es limitada, la mirada humana en general también lo es. Además, cada mirada humana es diferente, cada una tiene sus propias limitaciones, de forma que cada ser humano construye y vive en su propio mundo. A primera vista, esta afirmación puede parecer aberrante. Analicémosla y veremos que no es así.

Estaremos de acuerdo en que la percepción visual del mundo de un ser humano y de, por ejemplo, un camaleón es diferente[5]. Lo mismo podríamos decir del sentido del oído: nuestras capacidades auditivas y las de, por ejemplo, un perro tienen diferencias notables, estando este último capacitado para captar frecuencias inaudibles para el oído humano. Por lo tanto, una primera consideración a tener en cuenta es que el mundo que percibimos es el que nuestros sentidos nos filtran y nuestro cerebro crea. Es decir, no percibimos la realidad tal cual es, sino tamizada por nuestros sentidos y configurada por nuestro cerebro. Quizás muchos consideren que este hecho no es tan importante como para afirmar que cada ser humano construye y vive en su propio mundo. A esta objeción se podría responder diciendo que el mundo de un ciego o el de una persona que nace con un oído musical o un olfato especialmente dotados no son iguales a los de las personas poseedoras de un sentido de la vista, el oído o el olfato medios. En cualquier caso, los fisiológicos no son los únicos filtros que intervienen en nuestro proceso de creación del mundo.

Cada instante nuestros sentidos filtran millones de impresiones. Por ejemplo, se ha calculado que la cantidad de información que recibe la vista por segundo es de diez millones de bits. Como es lógico, ningún ser humano es capaz de procesar esa cantidad ingente de información. Pero no todas las personas procesan los mismos datos. En el proceso de selección de los mismos actúan, además de los fisiológicos, dos tipos de filtros: culturales e individuales. Desde que nacemos, la familia, los conocidos, la escuela y las instituciones sociales en general nos llevan a compartir determinados filtros, que se han ido construyendo a través del proceso de socialización de las sucesivas generaciones de personas que comparten una determinada cultura y, por tanto, una determinada visión del mundo. En este sentido, el lenguaje desempeña un papel fundamental en el proceso de construcción consensuada del mundo y de transmisión de dicha construcción. Eso hace que, por ejemplo, la percepción de la realidad de un español, un esquimal o un indio del Amazonas sean diferentes. La lengua de un indio bororo tiene diecisiete palabras diferentes para decir verde; el esquimal tiene cuarenta palabras diferentes para decir nieve y treinta para decir blanco. Obviamente, nuestra percepción del mundo amazónico o boreal es diferente a la de los nativos de dichas zonas. De igual forma, un paseo por el bosque será diferente para una persona que conoce los diferentes árboles y arbustos que para otra que a lo máximo que llega es a distinguir los primeros de los segundos; o para una para quien el bosque es un medio de vida que para otra que lo que busca en el mismo es paz y solaz espiritual.

Retomando el tema de la aproximación a la realidad de las diversas ciencias, resulta oportuno señalar que las teorías científicas también filtran la realidad. La etimología nos recuerda este hecho: teoría proviene del griego θεωρεῖν (*theorein*, "mirar, contemplar") y éste a su vez de θέα (*théa* "acción de mirar, vista";

por ejemplo, en teatro) y ὁρᾶν (*horan* "ver"; por ejemplo, en panorámica). Por tanto, una teoría no es sino una forma de mirar, de dirigir la vista hacia algo, que nos hace ver ese algo de una determinada manera. Una teoría es siempre una aproximación a la realidad, no la realidad. Es un mapa (y no el territorio) que surge de una determinada mirada y que puede sernos útil para saber dónde está Nueva York o para saber cómo ir de Barcelona a Zaragoza si se trata de un mapa político, pero no para saber el tiempo con que nos recibirá esta última ciudad cuando lleguemos si no es meteorológico.

Vemos, por tanto, que donde creíamos que había un único mundo hay muchos. Pero no es que haya tantos como culturas o subculturas existen; en realidad, hay tantos como seres humanos. Aunque podamos compartir una cultura, unas teorías, unos valores y un lenguaje con otras personas, no compartimos un único mundo con ellas. Cada persona tiene sus propios valores y creencias, sus propias emociones y sentimientos, sus propios prejuicios e intereses, sus propios recuerdos y biografía. Todos ellos influyen determinantemente en la construcción de nuestro mundo. Por ejemplo, ¿quién no recuerda cómo el número de embarazadas que veía por la calle parecía haberse multiplicado cuando estaba esperando un hijo? ¿No sabemos, a poco reflexivos que seamos, cómo nuestra percepción de la realidad doméstica cuando regresamos del trabajo a casa varía en función de nuestro estado de ánimo? De igual forma, un mismo lugar será vivido con alegría por una persona y de forma amenazante por otra dependiendo de las experiencias que haya tenido en el mismo o los recuerdos que le evoque. En resumen, al igual que en el dibujo de Escher una mano dibuja a la otra, construimos nuestro mundo y nuestra obra influye en el proceso de construcción. Construimos nuestro mundo y éste nos construye: ¿cuál es la mano verdadera?, ¿cuál es el mundo verdadero?

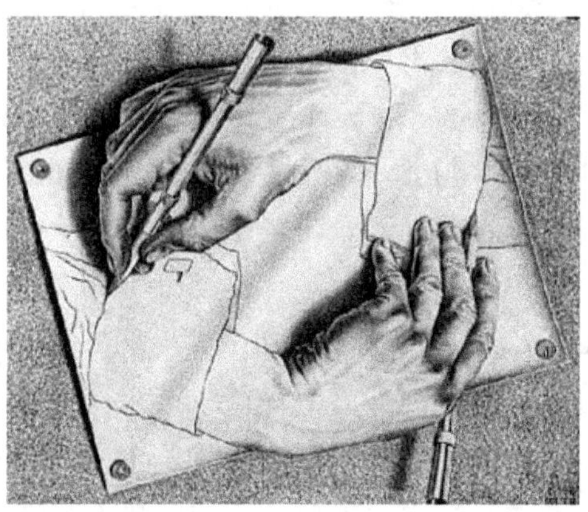

Figura 4. *"Drawing hands", litografía de M.C. Escher (1948)*

Ideas principales
- Aunque existe, en principio, una realidad objetiva, no tenemos un acceso directo a la misma.
- Cada ser humano construye su propia realidad.
- La realidad que construimos influye en nosotros.

Implicaciones

Nuestra tendencia a contemplar la realidad de forma lineal tiene dos consecuencias principales que, como no podía ser de otra manera, están conectadas. Por un lado, es una rémora que nos impide relacionarnos de la mejor manera posible con nosotros mismos, con las personas que nos rodean y con el mundo en general. Nuestra mente lineal bloquea el desarrollo de nuestro pensamiento sistémico, de la capacidad de ver cómo entre nosotros y el entorno, y entre todas las restantes cosas existen conexiones circulares, relaciones bidireccionales que difuminan hasta borrarlas las nociones de causa y efecto, pasado y futuro o cerca y lejos, y las fronteras entre nosotros y el mundo que nuestra mente ha construido. El desarrollo de esta visión sistémica repercute positivamente en nuestra capacidad de relacionarnos con los demás, ya que nos hace más conscientes de cómo influimos en ellos con nuestra actitud, nuestras palabras y nuestros filtros mentales, y cómo los demás influyen en nosotros. Asimismo, y por los mismos motivos, mejora nuestra capacidad de entender y resolver los problemas que puedan surgir y, en general, de interactuar con la realidad. Todo está relacionado con todo, todos estamos

relacionados con todos. No existe el sálvese quien pueda. Por el contrario, nuestros presentes y nuestros destinos están unidos.

Además de lo anterior, la concepción lineal de la realidad nos aleja del auténtico significado del concepto responsabilidad, que no es otro que la habilidad, la capacidad de dar respuesta a lo que en cada momento sucede[6]. Pero para ello hemos de ser conscientes de que no sólo somos partícipes de la realidad sino protagonistas que, momento a momento, construimos nuestra realidad. Eso implica que, en lugar de dejarnos llevar por la tendencia a sacudirnos de encima los problemas ("no sé nada", "no tengo nada que ver", "eso no entra en mis responsabilidades" …), nos hacemos responsables, que no culpables, de los mismos ("¿qué puedo hacer?"). En esta actitud protagonista está la auténtica base de nuestra libertad. Cuando me siento separado de la realidad sólo puedo interactuar reactivamente con lo que sucede, mientras que sólo en la medida en que me siento parte de la realidad, en que acepto y disfruto del privilegio de ser responsable, puedo decidir libremente de qué manera voy a actuar.

Principales implicaciones

La concepción dominante de nuestra relación con la realidad:

- Empobrece nuestra capacidad de interactuar de forma efectiva con el mundo.

- Dificulta el desarrollo de nuestra responsabilidad y nos lleva a confundir responsabilidad y culpa.
- Impide el pleno desarrollo y disfrute de nuestra libertad. Ser conscientes de cómo creamos la realidad nos hace protagonistas de la misma, nos aporta una responsabilidad libre de culpa y nos devuelve la libertad.

Notas

Capítulo 1

[3] Cuento tradicional usado en la India y en la tradición sufí.

[4] Hanson, Rick and Richard Mendius, **Buddha's Brain**, New Harbinger Publications, 2009.

[5] Entre otras características, los ojos del camaleón se mueven de forma independiente de manera que su cerebro obtiene dos imágenes distintas; asimismo, sin mover la cabeza tienen un campo visual de prácticamente 360 grados. Éstas y otras características permiten a estos animales, por ejemplo, enfocar y calcular distancias con una tremenda precisión.

[6] El término responsabilidad procede de *responsus*, participio pasado del verbo latino *respondere*, responder.

Capítulo 2

¿Qué es el ser humano?

Figura 5. *Concepción del ser humano*

Las puertas del cielo[7]

Un samurai fue a ver al maestro zen Hakuin y le preguntó:
- ¿Existe el infierno? ¿Existe el cielo? ¿Dónde están las puertas
  de ambos? ¿Por dónde puedo entrar?

Era un guerrero sencillo. Los guerreros siempre son sencillos,
sin astucia en sus mentes, sin complicaciones. Sólo conocen dos
cosas: la vida y la muerte. Él no había acudido a Hakuin para
aprender ninguna doctrina; sólo quería saber dónde estaban las
puertas, para poder evitar el infierno y entrar en el cielo. Hakuin
le respondió de la manera que un guerrero podía entenderle.

- ¿Quién eres?, le preguntó Hakuin.
- Soy un samurai, le respondió el guerrero. Hasta el emperador
  me respeta.

Hakuin se rió y contestó:
- ¿Un samurai tú? Pareces un mendigo.

El orgullo del samurai se sintió herido y olvidó para qué había
venido. Sacó su espada y ya estaba a punto de matar a Hakuin
cuando éste dijo:
- Ésta es la puerta del infierno. Esta espada, esta ira, este ego,
  te abren la puerta.

Esto es lo que un guerrero puede comprender. Inmediatamente
el samurai entendió. Enfundó de nuevo la espada y Hakuin dijo:
- Aquí se abren las puertas del cielo.

Como quizá en ningún otro momento de la historia, la concepción de la naturaleza humana más extendida tiene un importante sesgo negativo. Aunque no sea el único factor, el pensamiento económico dominante tiene mucho que ver con esta tendencia a poner el foco en el lado oscuro del ser humano y olvidar el lado luminoso. Efectivamente, dada la capacidad de las ciencias sociales de influir en su objeto de estudio, esta forma de entender la economía ha ejercido y continúa ejerciendo un poderoso y pernicioso influjo en el ser humano y en la sociedad en su conjunto. Si queremos combatir los efectos perversos de este sesgo hacia lo negativo, es preciso que reflexionemos sobre sus causas y el modo en que ha ido ganando terreno en el mundo económico y empresarial, y en la sociedad en su conjunto. Siguiendo la misma estructura que en el capítulo anterior, en este analizaremos qué hay detrás de la visión dominante sobre el ser humano, recuperaremos una concepción más equilibrada e íntegra sobre el mismo y discutiremos las implicaciones de ambas visiones.

Si esto es un hombre. Concepción dominante del ser humano

Como en el caso de la concepción de la realidad que hemos visto en el capítulo anterior, la concepción predominantemente negativa del ser humano tiene en su génesis un componente innato y otro relacionado con la aproximación al conocimiento, tanto de las ciencias en general como del pensamiento económico más influyente en las últimas décadas.

Causas naturales de la visión negativa del ser humano

Como dice Rick Hanson, nuestro cerebro es teflón para lo positivo y velcro para lo negativo[8]. El origen de este desequilibrio en nuestra capacidad para apreciar y recordar las experiencias positivas y las negativas se encuentra en la evolución. La historia de la evolución del hombre y de la vida en general es la historia de la lucha por la supervivencia. Cuando nuestros antepasados vivían en la sabana africana estaban sometidos a todo tipo de peligros. Por ello, es fácilmente comprensible que entre nuestros ancestros fueran predominando aquellos que, ante una señal de peligro, tenían la capacidad de percibirla y, actuando en consecuencia, ponerse a salvo. Sin duda, ellos tuvieron más posibilidades de tener descendencia y, de esta forma, transmitir sus genes. Como veremos más adelante en este libro, esta predisposición hacia lo negativo tiene, hoy en día, consecuencias indeseables. La más importante es que nos hace sufrir de forma innecesaria. En cualquier caso, aunque nuestra naturaleza incluya una cierta predisposición a tener una visión negativa de los otros, no es la principal causa de la misma. A continuación analizaremos el origen fundamental de esta concepción negativa de la naturaleza humana predominante hoy en día.

Causas epistemológicas de la visión negativa del ser humano

Las distintas ciencias centran su mirada en lo que consideran que les es propio. Así, la naturaleza, en sus diferentes manifestaciones, es el objeto fundamental de estudio de las ciencias naturales. El de la física son los átomos, el de la química las moléculas, el de la biología los seres vivos, el de la cosmología los cuerpos celestes, etc. El objeto de estudio de las ciencias humanas y sociales es el ser humano y las relaciones de todo tipo que los seres humanos mantienen entre ellos. La medicina, por ejemplo, se centra en el estudio de la salud y la enfermedad humanas; la psicología, en la enfermedad (y, sólo desde fecha reciente, en el bienestar) de la psique humana; la antropología, en las manifestaciones culturales de las diferentes sociedades humanas; la economía, en las relaciones humanas de carácter económico; etc., etc. Una primera problemática tiene su origen en esta tendencia a la separación de las distintas ramas del saber. En su obra **La rebelión de las masas** Ortega habló de la "barbarie del especialismo". De forma menos rotunda, Schrödinger, uno de los padres de la mecánica cuántica, decía: "(...) no significa que podamos prescindir de la especialización, ya que resultaría imposible si queremos que siga el progreso, pero la idea de que ésta no es una virtud, sino un mal inevitable, va ganando terreno[9]." Dado que la razón no puede abarcar la realidad en toda su complejidad, poner el foco en determinados aspectos de la misma puede ser una estrategia epistemológica válida, siempre y cuando no nos olvidemos de abrir el zoom para recordar de qué forma dichos aspectos están interconectados con la realidad en su conjunto.

Lejos de la humildad de muchos de los científicos más conscientes, la ciencia económica, al menos la que, especialmente en las últimas décadas, ha tenido una mayor influencia, está aquejada de una de las enfermedades más peligrosas que puede contraer un científico, un filósofo o cualquier otra persona cuyo

elroto.elpais@gmail.com

objeto de estudio es algo tan complejo como el ser humano: la desmesura. Se ha colmado de un orgullo y una confianza en sus propias posibilidades fuera de toda medida. En resumen, de lo que los griegos, ajenos a la idea cristiana de pecado, consideraron la falta más grave en la que puede caer el hombre: la *hybris*. Como explicamos a continuación, dominado por su *hybris* y basándose en las ideas de diversos filósofos y economistas como Friedrich Hayek o Milton Friedman, máximos representantes de las Escuelas de Viena y Chicago respectivamente, el olimpo económico ha desarrollado una concepción reduccionista, sesgada, desconectada y negativa de la naturaleza humana.

- **Reduccionista.** La economía se centra en el estudio del ser humano en cuanto agente económico. En este sentido, comparte con el resto de las ramas del saber la vía reduccionista como principal estrategia para describir la realidad y generar nuevo conocimiento. El problema es que, como les sucede a numerosos científicos, muchos economistas tampoco contemplan la necesidad de abrir el zoom.
- **Sesgada.** No es sólo que el pensamiento económico dominante se haya olvidado de integrar su conocimiento sobre el ser humano, en cuanto agente económico, en una visión más comprehensiva del mismo. La magnitud del problema que, *per se*, puede suponer esta visión reduccionista se multiplica como consecuencia de su *hybris*: no es que estudie al ser humano en su faceta de agente económico, sino que considera que el ser humano es *homo economicus*. Es decir, la naturaleza humana es esencialmente económica.
- **Desconectada.** La economía ha construido un mundo virtual habitado por los seres económicos que ha creado. Este engendro ha supuesto la desconexión del ser humano con su auténtica esencia y con la auténtica realidad. Ambos aspec-

tos son dos caras de un mismo fenómeno. La desconexión con la realidad ha supuesto el olvido de la naturaleza, con las consecuencias que muy pocos se atreven a continuar negando. Sin embargo, la amplitud del consenso sobre los problemas ambientales no está traduciéndose en medidas a la altura de su magnitud: la inercia sigue operando porque la desconexión forma parte de los fundamentos del sistema económico. Asimismo, la desconexión del ser humano con su esencia se manifiesta en una infelicidad existencial cada vez más profunda y extendida.

- **Negativa.** Para el pensamiento económico dominante el ser humano no es sólo un *homo economicus*. Además, lo ha definido como "maximizador racional de su utilidad"[10]. Es decir, los seres humanos no son meros agentes económicos, sino personas que siempre están calculando cómo pueden conseguir más a costa de lo que sea o de quien sea; es decir, actúan desde el más puro egoísmo y la más absoluta codicia. En su artículo "The Nature of Man", Jensen y Meckling afirman: "Sólo existen deseos y éstos no tienen límite. No existe la necesidad excepto la necesidad de conseguir más". Como vemos, estamos ante una aproximación sesgada y negativa de la naturaleza humana. Naturalmente que los seres humanos somos racionales. Naturalmente que buscamos satisfacer nuestros deseos. Pero las necesidades también existen. Y no somos sólo racionales ni estamos sólo preocupados por buscar nuestro beneficio a cualquier precio.

42

La ceguera del pensamiento económico dominante no puede ser mayor: mira al ser humano con una mirada tan limitada como la que hemos descrito y luego construye teorías coherentes con dicha mirada que, obviamente, confirman lo apropiado de la misma; se declara libre de ideología cuando no puede estar más cargado de ella; se declara objetivo cuando no puede ser más subjetivo.

La trayectoria de economistas y profesores de escuelas de negocio ha sido la opuesta a la experimentada por los más insignes representantes de las ciencias naturales. A pesar de que, como hemos dicho anteriormente, su objeto de conocimiento es mucho más complejo, han pretendido y continúan pretendiendo descubrir las leyes últimas e inmutables que gobiernan el comportamiento humano. Como afirmó poco antes de su muerte el profesor Ghoshal[11]: "Nuestro cometido principal como académicos de escuelas de negocios durante la segunda mitad del siglo XX ha sido hacer de los estudios de empresa una rama de las ciencias sociales. Rechazando lo que veíamos como el 'romanticismo' de analizar los comportamientos empresariales en términos de elecciones, acciones y logros de individuos, hemos adoptado el enfoque 'científico' de intentar descubrir patrones y leyes, y hemos sustituido toda noción de intencionalidad humana con una firme creencia en el determinismo causal para explicar todos los aspectos del acontecer empresarial. En efecto, hemos creído que la empresa es reducible a un tipo de física en que incluso si los directivos individuales desempeñan un papel, éste puede ser tranquilamente tomado como determinado por las leyes económicas, sociales y psicológicas que inevitablemente conforman las acciones de las personas".

En resumen, para conseguir que la economía y la gestión empresarial alcanzaran un estatus científico parangonable al de las ciencias naturales y, de esta forma, satisfacer su *hybris*, economistas y profesores de empresa no han dudado en aproximarse a su objeto de estudio de una forma que lo ha desvirtuado totalmente. Efectivamente, eliminando la intencionalidad y la ética humanas han conseguido incluir al ser humano en sus formulaciones matemáticas y construir hermosas ecuaciones, pero ¿a qué precio? En realidad, estamos ante una *hybris* por partida doble: *hybris* por haber vendido su alma al diablo para conseguir ser aceptados con todos lo honores en el Olimpo científico; *hybris* por haber considerado que el comportamiento humano puede ser entendido mediante el uso de lentes de carácter exclusivamente económico. Si, como veíamos en el capítulo primero, toda mirada a la realidad es limitada, la de las ciencias económicas y empresariales ha sido y continúa siendo sesgada, desconectada y negativa, y ha convertido al ser humano en la mera caricatura de un muñeco. Cegados por su *hybris*, se han comportado como los ciegos del cuento con que iniciábamos el capítulo anterior. Parafraseando el dicho popular, se han encontrado con un martillo en las manos (o mejor, se han construido un martillo) y no han visto sino clavos.

En busca del equilibrio perdido

La naturaleza humana es compleja. Como hemos visto en el apartado anterior, la evolución nos ha legado un cerebro predispuesto a percibir y recordar lo negativo, a actuar como el velcro ante situaciones que disparan en nosotros emociones negativas. Pero la evolución también ha favorecido lo positivo. Numerosos biólogos evolucionistas han cuestionado en los últimos tiempos los postulados del darwinismo social, que consideran el egoísmo estricto la base de la evolución. En primer lugar, es oportuno recordar que el propio Darwin consideraba la compasión algo propio de la naturaleza humana y opinaba que, si bien en un principio los seres humanos sólo sentían compasión por los miembros de su familia y grupo, poco a poco la habían ido extendiendo a los componentes de su clan, su tribu o su raza, y que el círculo de la compasión seguiría extendiéndose hasta abarcar a todas las criaturas sensibles. En la actualidad, el descubrimiento por el neurofisiólogo y Premio Príncipe de Asturias de Investigación Científica y Técnica Giacomo Rizzolatti de las neuronas espejo, que se disparan cuando percibimos lo que está haciendo o sintiendo otro ser, ha servido para comprender mejor la fisiología de la empatía, la compasión y el aprendizaje. Por poner dos ejemplos más de científicos que, sin pretender cuestionar el lado oscuro de la naturaleza humana, nos ayudan a defender la existencia de una cara amable, una bióloga tan reconocida como Lyn Margulis considera que la simbiogénesis, es decir, la colaboración entre diferentes formas de vida, es el pilar más importante de la evolución de la vida[12]. Otro prestigioso biólogo como Ernst Mayr ha afirmado que las investigaciones últimas sobre diversos animales sociales sugieren que la propensión hacia el altruismo y la cooperación en los grupos sociales han sido favorecidos por la selección natural[13]. Esta conclusión no debería extrañarnos: de igual manera que el miedo favorecía la supervivencia en las llanuras del Serengueti, la cooperación, la empatía y el altruismo favorecían la cohesión y las posibilidades de supervivencia de los grupos de cazadores-recolectores que poblaban dichas llanuras.

En la misma línea de pensamiento, Barbara Fredrickson, catedrática de la Universidad de Carolina del Norte y una de las más reconocidas representantes de la psicología positiva, ha propuesto la teoría "broaden and build"[14]. Según la profesora Fredrickson, al contrario que las emociones negativas que, en situaciones

de urgencia en las que la supervivencia está en juego, promueven la percepción de un número limitado de opciones, las emociones positivas (como la alegría, el amor, la empatía, la satisfacción, la diversión, etc.) ensanchan la conciencia y favorecen la percepción y generación de un abanico amplio de pensamientos y acciones de carácter exploratorio, novedoso y diverso. Con el tiempo, la riqueza de dicho abanico ayuda a desarrollar nuevas habilidades y recursos que favorecen la supervivencia. De hecho, Fredrickson ha realizado diversos experimentos y estudios que demuestran que las emociones positivas aumentan la creatividad, la resiliencia, la salud, la sociabilidad y la sabiduría de las personas. En resumen, mientras que las emociones negativas concentran la conciencia en un punto para promover la supervivencia a corto plazo, las positivas ensanchan la conciencia para favorecer la mejora de la calidad de vida y el aumento de las posibilidades de supervivencia a largo plazo. Por ello, la evolución ha promovido ambas.

La visión de la naturaleza humana del liberalismo económico encuentra algunas de sus raíces más profundas en el racionalismo cartesiano. Descartes consideraba incuestionable que existía una total separación entre el cuerpo y el espíritu, el hombre y la naturaleza o la razón y la emoción. Este dualismo ha sido totalmente superado. Por ejemplo, hoy en día la práctica totalidad de la ciencia médica reconoce la tremenda importancia de tener en cuenta los factores psicosomáticos para entender y tratar la enfermedad. Asimismo, los importantes avances de las neurociencias en los últimos años han supuesto un golpe definitivo a la idea cartesiana de separación total entre el pensamiento, que reside en la mente, y las emociones, que residen en el cuerpo. Como afirma Antonio Damasio, Premio Príncipe de Asturias de Investigación Científica y Técnica, es imposible separar razón y emoción. Es más, considera que sin emoción la razón no existiría[15].

Si no hubieran estado cegados por su *hybris*, los economistas que desarrollaron una concepción tan sesgada y negativa del ser humano hubieran rectificado cuando la misma estaba todavía en sus albores. En plena guerra fría, John Nash, que recibió el Premio Nobel de Economía y a la postre tuvo que ser internado para tratar su paranoia, trabajó para la Rand Corporation y desarrolló la teoría de juegos propuesta previamente por John von Neumann y Oskar Morgenstern. De forma sucinta, dicha teoría intenta modelar matemáticamente el comportamiento humano en situaciones en las que el éxito de las elecciones realizadas por un individuo depende de las elecciones realizadas por otros. En el "dilema del prisionero", uno de los juegos más conocidos, dos sospechosos son arrestados por la policía. Como ésta no tiene pruebas para acusar a uno u otro, les separa y les ofrece el mismo trato: si acusa al otro sospechoso y éste permanece en silencio, el primero es liberado y el segundo es sentenciado a diez años de cárcel; si ambos permanecen en silencio, ambos prisioneros son condenados a una pena de seis meses por una falta menor; si ambos se acusan mutuamente, cada uno recibe una sentencia de cinco años. ¿Qué harán los sospechosos? Según la teoría de juegos, dado que los humanos son seres racionales que siempre tratan de conseguir el máximo a costa de lo que sea, la única salida es la traición. La concepción de la naturaleza humana como desconectada de todo y de todos fue explícitamente afirmada por Nash cuando se le preguntó si en sus juegos cada jugador está solo: "Sí, esa es la idea. Que están solos, separados, haciendo algo no cooperativo, algo muy egoísta"[16], fue su respuesta. Sin embargo, cuando la Rand Corporation intentó simular entre sus propios empleados el comportamiento propuesto por la teoría de juegos, la respuesta mayoritaria de éstos fue de carácter colaborativo. Aunque el resultado refutaba la teoría, la *hybris* impidió que se reconsiderara la concepción racional y egoísta del ser humano. Sin ella, la teoría económica que se estaba desarrollando y que, a la postre, alcanzó la supremacía en la década de los 90, se hubiera derruido como un castillo de naipes.

De lo expuesto anteriormente no se debe deducir que la naturaleza humana es, exclusivamente, cooperativa, compasiva y altruista. No, no lo es. Pero tampoco puede reducirse al engendro calculador, racional, codicioso y egoísta en el que se basan las fórmulas, modelos y teorías del liberalismo económico. Como en el cuento del samurai y el monje zen, el cielo y el infierno conviven en nuestro interior. Ni somos ángeles, ni somos demonios. En realidad, ambos extremos y todos los matices existentes entre los mismos están presentes en nuestra naturaleza. Ésa es nuestra riqueza y complejidad. Y en esa riqueza y complejidad están basadas, además de en nuestra capacidad de construir nuestra realidad que hemos visto en el capítulo anterior, nuestra responsabilidad y nuestra libertad.

Ideas principales

- La visión negativa del ser humano tiene su origen, en parte, en la tendencia de nuestro cerebro a percibir y recordar mejor lo negativo que lo positivo.
- El afán de una parte de la academia económica y empresarial de convertir sus ámbitos de saber en ciencias de pleno derecho, derivó en el uso de estrategias epistemológicas adecuadas para las ciencias naturales, pero tremendamente inapropiadas para estudiar fenómenos y comportamientos tan complejos como los protagonizados por los seres humanos.
- Las burdas simplificaciones exigidas por su utillaje científico, basado en el determinismo causal, llevó a la academia científica y empresarial, que a la postre acabaría alcanzando una total preeminencia, a una concepción del ser humano reduccionista, sesgada, desconectada y negativa.
- Los progresos alcanzados en distintos ámbitos del saber han permitido cuestionar la concepción negativa de la naturaleza humana y han conseguido recuperar una visión equilibrada de la misma.

Implicaciones

En el capítulo anterior veíamos cómo diversos filtros, entre los que citábamos las teorías, influían en el proceso de construcción de nuestra realidad. Pero no todas las teorías son iguales. Todas influyen en nuestra percepción de la realidad, pero difieren en su impacto en la realidad en sí. Las teorías propuestas en los diversos campos de las ciencias naturales nos dan una visión más o menos acertada de la realidad, pero no la modifican. Por ejemplo, una teoría sobre el átomo influirá en nuestra percepción del mismo, pero no modificará su naturaleza. Por el contrario, las teorías de las ciencias sociales no sólo condicionan nuestro acercamiento al ser humano y a las relaciones entre los seres humanos, sino que tienen el poder de afectar a su objeto de estudio. Es decir, tienen, lógicamente si consiguen ser abrazadas como verdades y se difunden, un carácter autoprofético[17]. Si nos relacionamos con otros seres humanos con la convicción de que éstos sólo se mueven por su propio interés y, por tanto, no son dignos de confianza, habremos creado las condiciones apropiadas para que éstos confirmen con su comportamiento lo acertado de nuestra creencia. Por lo tanto, ésta es la primera implicación del triunfo de unas teorías basadas en considerar que el ser humano es calculador, racional, codicioso y egoísta: que han conseguido que más y más personas tiendan a comportarse de esta manera.

La segunda implicación nace de la anterior. La concepción reduccionista, sesgada, desconectada y negativa del ser humano ha dado como fruto teorías empresariales que han sido la base de la formación proporcionada en las últimas décadas en las escuelas de negocios y que, por tanto, han dominado, de forma más o menos consciente, el comportamiento de las empresas y la vida en las mismas. Algunas de las principales son las siguientes:

- **La teoría de la agencia**[18] ha sido y continúa siendo el eje primordial de la formación en gobierno corporativo dada por las escuelas de negocio a MBAs y ejecutivos. La tesis central es que los directivos, cuyo propósito fundamental ha de ser la creación de valor para el accionista, tienden naturalmente a buscar su propio beneficio. Para contrarrestar la tendencia natural de los directivos (que seres humanos racionales como son sólo velan por sus intereses) a crear valor para ellos en lugar de para los accionistas, se les ha de someter a un estrecho control y se debe comprar sus voluntades mediante incentivos extrínsecos como, por ejemplo, las opciones sobre acciones. En definitiva, dada la visión negativa de la naturaleza humana, la única política apropiada es la del palo y la zanahoria.

- **La teoría de los costes de transacción**[19] no es sino una variación del mismo tema: en cualquier circunstancia las personas, como seres racionales y calculadores que son, considerarán qué comportamiento o decisión les aportará una mayor ventaja independientemente de cualquier otra consideración; es decir, sopesarán las circunstancias y actuarán guiados por el más crudo oportunismo. Los cursos de las escuelas de negocio sobre diseño organizativo, basados en la necesidad de enfatizar el control de todos los integrantes de la empresa para evitar su predisposición esencial al comportamiento oportunista, son resultado directo de esta teoría.

- **La teoría de las cinco fuerzas**[20] de Porter es el resultado de la aplicación al campo de la estrategia empresarial del énfasis de la teoría económica en la competitividad. Asimismo, vuelve a ser la plasmación a nivel organizativo de la racionalidad y el egoísmo exacerbados que, según el pensamiento económico dominante, caracteriza a los humanos. Las empresas han de velar exclusivamente por sus intereses y para ello han de competir no sólo con sus competidores (tanto los actuales como los potenciales), sino también con sus proveedores, sus clientes y cualquier otra organización o institución que, de una forma u otra, participe en lo que, a fin de cuentas, no es sino una guerra en la que las únicas posibilidades son ganar o perder. Ellos, que comparten nuestras mismas "virtudes", hacen lo mismo. Nuevamente, la teoría de las cinco fuerzas constituye uno de los hitos de la formación impartida en las últimas décadas por las escuelas de negocio.

Como en parte hemos apuntado en las páginas precedentes, otra implicación de la concepción de la naturaleza humana de la academia económica y empresarial dominante es que una serie de principios, valores y creencias, estrechamente relacionados con las mencionadas teorías, hayan impregnado la visión del mundo de directivos y empresas hasta llegar a ser considerados parte incuestionable del más puro sentido común. Entre ellos cabe destacar los siguientes:

- **El egoísmo.** La idea de que el propósito último y único de la empresa es la creación de valor para sus dueños es uno de los mantras más repetidos en el mundo empresarial. Obviamente, el problema no es que las empresas ganen dinero; en caso contrario, no podrían subsistir. El problema es que ganar dinero se considere un fin último y que, además, cualquier otra consideración (como, por ejemplo, el bien común) quede explícitamente descartada. En una entrevista a Friedrich Von Hayek[21], uno de los padres del neoliberalismo, en la que éste estaba exponiendo su defensa de "un sistema automático autorregulado que es el único que puede devolvernos la libertad y la prosperidad", se le preguntó si no era ésta una filosofía basada esencialmente en el egoísmo y qué papel desempeñaba el altruismo en ella; su respuesta fue clara: "el altruismo no tiene cabida". Otro de los gurús que más claramente ha expresado esta idea es Milton Friedman[22]: "Pocas tendencias podrían socavar en mayor medida los mismos fundamentos de nuestra sociedad libre como la aceptación por parte de los directivos de cualquier otra responsabilidad social que no sea generar la mayor cantidad de dinero posible para sus accionistas".

- **La competitividad.** Como se ha comentado anteriormente, el mundo empresarial es un mundo en guerra en el que la única forma de subsistir y medrar es a costa de los demás. Las relaciones con otras organizaciones se consideran un juego de suma cero en el que sólo hay dos alternativas: ganar o perder, medrar o desaparecer. Como forma de conseguir más competitividad y la máxima creación de valor, la competencia se promueve incluso internamente entre los propios integrantes de las empresas.

- **La desconfianza.** Como "maximizador racional de su propia utilidad", como ser calculador que antepone a cualquier otra consideración su propio interés, el ser humano es alguien en quien, por definición, no se puede confiar. El énfasis en el control en nuestras empresas es la consecuencia lógica de esta desconfianza primordial.

- **El utilitarismo.** Los resultados de una acción compensan cualquier otra consideración de tipo ético. Dicho de otra forma, a la hora de decidir cómo vamos a actuar, los pros y contras son considerados en función de sus consecuencias (por eso a veces se usa el término consecuencialismo). En suma: el fin justifica los medios. Por supuesto, como hemos visto anteriormente, tanto las personas como las empresas contemplan como útil aquello cuyo resultado implica un aumento de su propio beneficio. Dada su lógica, el utilitarismo busca maximizar las situaciones óptimas: si algo es bueno (útil), más es mejor (más útil).

- **El crecimiento.** El pensamiento económico y empresarial no pueden entenderse sin la idea de que el crecimiento es algo necesario. Por supuesto, tiene que ver con el egoísmo y el utilitarismo, pero no se trata de una simple consecuencia de los mismos. Es algo más inherente. Si comparamos la economía dominante a montar en bicicleta, la idea del crecimiento es como el pedaleo: si nos paramos, nos caemos. Pedalear, medrar… no importa para qué ni a costa de qué, pero el objetivo es crecer.

- **La eficiencia.** La eficiencia forma parte de la definición más extendida de lo que es una empresa. Ser eficiente significa conseguir producir la máxima cantidad del resultado buscado usando la mínima cantidad de recursos para ello. En principio, parece un principio inobjetable y mero sentido común. Pero ni las cosas son tan sencillas ni las empresas operan en el vacío. Por ejemplo, muchas veces las empresas consiguen aumentar su eficiencia presente a costa de su eficiencia futura. Asimismo, y de forma coherente con la concepción desconectada del ser humano que forma parte del pensamiento económico y empresarial más extendido, la eficiencia de una empresa puede conseguirse a expensas de la sociedad, de la naturaleza y del futuro de ambas.

- **La racionalidad.** Tal y como hemos reiterado, la creencia en el comportamiento racional de las personas es uno de los fundamentos en los que la economía ha basado su aspiración a ser considerada una ciencia de igual rango que las naturales. En las empresas este hecho se manifiesta en la convicción de que las decisiones exclusivamente racionales, sin ningún tipo de contaminación emocional, son posibles y deseables.

Sin duda, el panorama descrito es para echarse a temblar … o a correr. Para acabar de forma más esperanzada con estas implicaciones, apuntemos una última: al igual que esta visión negativa del ser humano ha creado un monstruo, si somos capaces de recuperar una visión, no utópica, sino más equilibrada del mismo, habremos puesto unos sólidos fundamentos para construir una economía, unas empresas y una sociedad más humanas y, por supuesto, mejores. Si creemos que otra empresa es posible, y ésta es la propuesta central de este libro, debemos devolver la humanidad, con toda su riqueza, claroscuros y complejidad, al ser humano. Y ello, como veremos en la segunda parte de esta obra, es no sólo deseable sino totalmente posible.

Principales implicaciones

- Al contrario que las teorías de las ciencias naturales, las de las ciencias sociales tienen un carácter autoprofético. Es decir, influyen en su objeto de estudio: el ser humano.
- La concepción negativa del ser humano desarrollada por el neoliberalismo ha dado lugar a una serie de teorías, como la teoría de la agencia, la teoría de los costes de transacción y la teoría de las cinco fuerzas, que han

sido la base de la formación proporcionada a directivos y empresarios en las últimas décadas en las escuelas de negocios.

- La concepción del ser humano de la academia económica y empresarial dominante ha difundido una serie de valores y creencias entre directivos y empresarios (como el egoísmo, la competitividad, la desconfianza, el utilitarismo, el crecimiento, la eficiencia y la racionalidad) que han tenido un impacto profundamente negativo en las empresas, la sociedad y el planeta.
- Una visión más equilibrada del ser humano es el fundamento necesario para edificar una economía, unas empresas y una sociedad más humanas y mejores.

Notas

Capítulo 2

[7] Cuento tradicional zen.

[8] Hanson, Rick and Richard Mendius, **op. cit.**

[9] Schrödinger, Erwin, **Ciencia y humanismo**, Tusquets, Barcelona, 1998.

[10] Jensen, Michael and William Meckling, *The nature of man*, **Journal of Applied Corporate Finance**, Summer,1994.

[11] Sumantra Ghoshal, *Bad Management Theories Are Destroying Good Management Practices*, **Academy of Management Learning and Education**, Vol. 4, 1, 2005.

[12] Margulis, Lyn, *Origins of species: acquired genomes and individuality*, **BioSystems**, 31, 1993.

[13] Mayr, Ernst, *Darwin's influence on modern thought*, **Scientific American**, July, 2000.

[14] Fredrickson, Barbara, *The value of positive emotions*, **American Scientist**, 2003.

[15] Véase, por ejemplo, su obra **Descartes' error: emotion, reason, and the human brain**, Avon Books, 1994.

[16] Declaraciones de John Nash incluidas en el documental realizado por Adam Curtis para la BBC **The Trap: What Happened to Our Dream of Freedom?**

[17] Sobre el carácter autoprofético de las teorías sociales véase, por ejemplo, Ghoshal, op. cit. o Pfeffer, Jeffrey, *Why do bad management theories persist? A comment*

on Goshal, **Academy of Management Learning and Education**, 2005.

[18] Jensen, Michael and William Meckling, *Theory of the Firm: managerial behaviour, agency costs and ownership structure*, **Journal of Financial Economics**, 1976.

[19] Williamson, Oliver, **Markets and Hierarchies: Analysis and Antitrust Implications**, New York: Free Press, 1975.

[20] Porter, Michael, **Competitive Strategy: Techniques for Analyzing Industries and Firms**, New York: Free Press, 1980.

[21] Véase el citado documental de Adam Curtis.

[22] Friedman, Milton, **Capitalism and Freedom**, Chicago: The University of Chicago Press, 40th Anniversary Edition, 2002 (la primera edición es de 1962).

¿Qué es el éxito?

Figura 6. *Concepción del éxito*

La ciudad de los pozos[23]

Esta ciudad no estaba habitada por personas, como todas las demás ciudades del planeta. Esta ciudad estaba habitada por pozos. Pozos vivientes, pero pozos al fin.

Los pozos se diferenciaban entre sí no solo por el lugar en el que estaban excavados, sino también por el brocal. Había pozos pudientes y ostentosos con brocales de mármol y de metales preciosos, pozos humildes de ladrillo y madera, y algunos otros más pobres con simples agujeros pelados que se abrían en la tierra.

La comunicación entre los habitantes de la ciudad era de brocal a brocal y las noticias se extendían rápidamente de punta a punta del poblado. Un día llegó a la ciudad una "moda" que seguramente había nacido en algún poblado humano. La nueva idea señalaba que todo ser viviente que se precie debería cuidar mucho más lo interior que lo exterior. Lo importante no es lo superficial sino el contenido.

Así fue como los pozos empezaron a llenarse de cosas. Algunos se llenaron de monedas de oro y piedras preciosas. Otros, más prácticos, se llenaron de electrodomésticos y aparatos mecánicos. Algunos más optaron por el arte y fueron llenándose de pinturas, pianos de cola y sofisticadas esculturas posmodernas. Finalmente los intelectuales se llenaron de libros, de manifiestos ideológicos y de revistas especializadas.

Pasó el tiempo. La mayoría de los pozos se llenaron a tal punto que ya no pudieron introducir nada más. Los pozos no eran todos iguales así que, si bien algunos se conformaron, hubo otros que pensaron que debían hacer algo para seguir metiendo cosas en su interior.

A uno se le ocurrió que, en lugar de apretar el contenido, podía aumentar su capacidad ensanchándose. No paso mucho tiempo antes de que la idea fuera imitada. Todos los pozos gastaban gran parte de sus energías en ensancharse para poder hacer más espacio en su interior.

Un pozo, pequeño y alejado del centro de la ciudad, empezó a ver a sus camaradas ensanchándose desmedidamente. Pensó que, si seguían ensanchándose de tal manera, pronto se confundirían los bordes y cada uno perdería su identidad. Quizás a partir de esta idea se le ocurrió que otra manera de aumentar su capacidad era crecer, pero no a lo ancho sino en profundidad. Hacerse más hondo en lugar de más ancho.

Pronto se dio cuenta de que todo lo que tenía dentro de él le imposibilitaba la tarea de profundizar. Si quería ser más profundo debía vaciarse de todo contenido. Al principio tuvo miedo al vacío, pero luego, cuando vio que no había otra posibilidad, lo hizo. Vacío de posesiones, el pozo empezó a volverse profundo, mientras los demás se apoderaban de las cosas de las que él se había deshecho.

Un día, el pozo que crecía hacia adentro tuvo una sorpresa: adentro, muy adentro y muy en el fondo encontró agua. Nunca antes otro pozo había encontrado agua. El pozo superó la sorpresa y empezó a jugar con el agua del fondo, humedeciendo las paredes, salpicando los bordes y por último sacando agua hacia fuera.

La ciudad nunca había sido regada más que por la lluvia, que de hecho era bastante escasa, así que la tierra alrededor del pozo, revitalizada por el agua, empezó a despertar. De las semillas de sus entrañas brotaron césped, tréboles, flores y tronquitos endebles que con el tiempo se volvieron árboles.

La vida explotó en colores alrededor del alejado pozo al que empezaron a llamar "El Vergel". Todos le preguntaban cómo había conseguido el milagro. "No es ningún milagro", contestaba el Vergel, "hay que buscar en el interior, hacia lo profundo". Muchos quisieron seguir el ejemplo del Vergel, pero pronto desestimaron la idea cuando se dieron cuenta de que para hacerse más profundos debían vaciarse. Siguieron ensanchándose cada vez más para llenarse de más y más cosas.

En la otra punta de la ciudad, otro pozo decidió correr también el riesgo del vacío. Y también empezó a profundizar. Y también llegó al agua. Y también salpicó hacia fuera creando un segundo oasis verde en el pueblo.

"¿Qué harás cuando se termine el agua?", le preguntaban. "No sé lo que pasará," contestaba, "pero, por ahora, cuánta más agua saco más agua hay".

Pasaron unos cuantos meses antes del gran descubrimiento. Un día, casi por casualidad, los dos pozos se dieron cuenta de que el agua que habían encontrado en el fondo de sí mismos era la misma. Que el mismo río subterráneo que pasaba por uno inundaba la profundidad del otro. Se dieron cuenta de que se abría para ellos una nueva vida. No sólo podían comunicarse de brocal a brocal, superficialmente, como todos los demás, sino que la búsqueda les había deparado un nuevo y secreto punto de contacto: la comunicación profunda que sólo consiguen entre sí aquellos que tienen el coraje de vaciarse de contenidos y buscar en lo profundo de su ser lo que tienen para dar.

Una de las señas de identidad de los seres humanos es nuestra capacidad de anticipar el futuro, de plantearnos cómo deseamos que sea ese futuro y, a partir de ello, ponernos objetivos que nos aproximen al futuro deseado. En función de en qué medida estamos consiguiéndolo concluimos si estamos teniendo éxito o no. Lógicamente, nuestros esfuerzos, nuestros comportamientos, nuestras relaciones con otras personas, etc., tanto en el plano privado como en el profesional, dependen de nuestra concepción del éxito. Como en los capítulos anteriores, en éste plantearemos la existencia de dos concepciones diferentes sobre qué significa tener éxito, una que en las últimas décadas ha alcanzado una notable preeminencia en nuestra cultura y otra que parece oportuno promover. Concluiremos señalando las principales implicaciones que se derivan de ambas.

Tanto tienes, tanto vales, tanto eres. Aproximación dominante al éxito

Más que por ninguna otra cosa, en las últimas décadas nuestra sociedad se ha visto dominada por un afán desmedido por el dinero. Como en los casos de la aproximación a la realidad y al ser humano, a este hecho han contribuido tanto causas naturales como de carácter epistemológico.

Causas naturales de la aproximación dominante al éxito

Como cualquier otro ser vivo, los seres humanos tenemos que satisfacer una serie de necesidades vitales como, por ejemplo, comer, beber, dormir, mantener relaciones sexuales o disfrutar de alguna forma de vivienda. Y la vida se ha asegurado de que dichas necesidades no fueran descuidadas. Para ello, como explica Rick Hanson, la evolución ha integrado en nuestro sistema cerebro-mente la tendencia a aferrarse a los placeres, que no dejan de ser efímeros, y escapar de los dolores, que no dejan de ser inevitables. Relacionado con ello está el cuidado que ha puesto la vida en grabar de forma indeleble en nuestra naturaleza la tendencia a buscar y aprovechar las oportunidades que se presenten y evitar las amenazas que puedan surgir. Como puede verse, son estrategias ligadas a la supervivencia del individuo y de la especie. En la mayoría de las sociedades modernas, la satisfacción de dichas necesidades está relacionada de una forma más o menos directa con el dinero. Efectivamente, disponer de medios económicos nos permite adquirir comida, bebida, refugio, o mantener una familia. Es decir, el afán por el dinero que estamos viviendo en la actualidad está relacionado con nuestra naturaleza humana. Pero tampoco en este caso nuestra naturaleza es la principal responsable de dicho afán.

Causas epistemológicas de la aproximación dominante al éxito

La avidez por el dinero ha sido la consecuencia más evidente y perniciosa del carácter autoprofético del triunfo de la concepción del ser humano que hemos descrito en el capítulo precedente. Aunque no deje de ser una implicación de dicha concepción, sus consecuencias son de tal calado que hacen necesario tratarla de forma específica. Porque no es una implicación más, sino la que resume de forma más descarnada las terribles consecuencias de la *hybris* del pensamiento económico dominante.

Como hemos dicho anteriormente, reduciendo al ser humano a mero *homo economicus*, el liberalismo económico ha construido las fórmulas y modelos que le han permitido escalar a la cumbre del olimpo científico. Con ello, el progreso y la felicidad humanos, que deberían ser los propósitos últimos de toda ciencia, se han trocado, en el caso de la ciencia económica, en la búsqueda a toda costa de la maximización de las posibilidades de consumir, de poseer, de acumular más y más.

elroto.elpais@gmail.com

Es decir, para esta rama triunfante de la ciencia económica, conseguir que las personas puedan consumir más es la traducción operativa del objetivo de contribuir a la felicidad humana. Mejor dicho, no es la traducción operativa sino otra forma de decir lo mismo. Recordemos la sentencia de Jensen y Meckling: "Sólo existen deseos y éstos no tienen límite. No existe la necesidad excepto la necesidad de conseguir más". Así, como para la mayoría de los pozos del cuento, el éxito se reduce a conseguir hacer más y más grande el "tanto" del "tanto tienes, tanto vales". Pero no se reduce sólo a eso, sino que "tanto eres" es un sinónimo más de "tanto tienes" y "tanto vales". Decir que los valores del ser son los valores del tener no es del todo exacto. En realidad, los valores del tener han fagocitado, han reducido hasta hacer desaparecer los valores del ser.

Sin embargo, el problema no se reduce a la equiparación del éxito con el dinero y la posesión. Al empobrecimiento humano que supone esta entronización del dinero hay que añadir las consecuencias de haber eliminado todo tipo de consideración ética del pensamiento económico. Como es fácil deducir, todo resulta válido si contribuye a la satisfacción de la necesidad de tener más. El único dique que nos queda es el Estado. Pero el liberalismo económico también se ha encargado de minar en lo posible este dique bajo la premisa de que cuanto menos Estado, cuantas menos normas, más posibilidades tendrá el mercado de crear riqueza y, con ello, de hacernos más "felices". Hablando de Milton Friedman, Paul Krugman, premio Nobel de Economía en 2008, ha resumido perfectamente el desarrollo de esta deriva ideológica: "En los momentos posteriores a la Gran Depresión muchos decían que los mercados no funcionan nunca. Friedman tuvo el coraje intelectual de decir que los mercados también pueden funcionar, y su aire de showman combinado con su habilidad para presentar evidencias le convirtieron en el mejor portavoz de las virtudes de los mercados libres desde Adam Smith. Sin embargo, de ello pasó fácilmente a proclamar que los mercados siempre funcionan y que lo único que funciona son los mercados. Es extremadamente difícil encontrar casos en los que Friedman reconociera la posibilidad de que los mercados podían equivocarse o que la intervención gubernamental podía servir un propósito útil"[24].

El olvido de la ética, la entronización del Mercado, la confusión del consumo con la felicidad y la reducción del éxito al dinero han tenido graves consecuencias tanto para el ser humano como para la empresa y la sociedad en su conjunto. En el último apartado del capítulo profundizaremos en las principales implicaciones de todo ello.

El éxito de ser íntegramente humano

Al igual que, como veíamos en el capítulo anterior, la evolución ha favorecido la pervivencia tanto de emociones negativas como positivas, también ha propiciado que en nuestra naturaleza convivieran la búsqueda de la satisfacción de necesidades básicas como comer, beber, etc. junto a la aspiración de saciar otras necesidades superiores como la libertad, el amor, la dignidad, la felicidad, la justicia, la belleza, etc. Ello se debe a que en la naturaleza humana coexisten lo físico, lo racional, lo emocional y lo espiritual. Por tanto, una vida dedicada exclusivamente a satisfacer las necesidades físicas u otra centrada únicamente en las espirituales, por ejemplo, son vidas incompletas. La pirámide de las necesidades humanas de Abraham Maslow[25], uno de los padres de la psicología humanista y, sin duda, uno de los psicólogos que más contribuyó al avance de esta rama del saber, está en esta línea de pensamiento. En la base de dicha pirámide Maslow situó las necesidades fisiológicas (aire, agua, comida, sueño, ...), seguidas por las de seguridad (salud, financiera, personal, laboral, ...), las sociales (amistad, pertenencia a un grupo, dar y recibir amor, ...), las de estima (reconocimiento, atención, estatus social, logro, respeto por uno mismo, ...) y, por último, las que denominó de autoactualización y autotrascendencia (verdad, justicia, belleza, sabiduría, sentido, ...). Para Maslow, una de las características clave de las personas autorrealizadas es la capacidad de tener lo que denominó experiencias cumbre, momentos en los que el yo se disuelve y se experimenta el puro ser. Los trabajos de Victor Frankl, con su desarrollo de la logoterapia[26] (terapia basada en la búsqueda del sentido de la vida), Martin Seligman, fundador de la Psicología Positiva, quien defiende la importancia de desarrollar las fortalezas personales para ser feliz[27], la ya citada Barbara Fredrickson, con su teoría "Broaden and Build" sobre la importancia evolutiva y para el desarrollo humano de las emociones positivas[28], o Mihaly Csikszentmihalyi, con la relación que establece entre su concepto de fluir, la creatividad y la felicidad[29], por citar algunos ejemplos, abundan en esta concepción íntegra del ser humano.

Como hemos visto, la naturaleza humana es compleja y, por tanto, sus necesidades y su concepción del éxito también lo son. La reducción del ser humano a *homo economicus* guiado exclusivamente por la razón y el egoísmo, lleva de forma natural a que el dinero (la posesión de riquezas) se convierta en su único fin y, en consecuencia, a una concepción simplificada del éxito. El éxito consiste, lisa y llanamente, en conseguir más y más dinero, porque con ello se satisfacen las necesidades humanas relevantes del *homo economicus*. Aun a pesar de que el triunfo de esta teoría ha conllevado, como consecuencia de su carácter autoprofético, a que en nuestra sociedad abunden este tipo de individuos, los seres humanos seguimos teniendo unas necesidades inherentes que no podemos obviar. El dinero puede, por supuesto, ayudarnos a satisfacer determinadas necesidades, pero no puede comprarlo todo. El auténtico éxito para el ser humano íntegro está en la satisfacción de las necesidades de índole superior para las que, afortunadamente, no existe un mercado. Como era de esperar, las implicaciones para el individuo, el mundo de la empresa y la sociedad en general de una concepción del éxito basada en el dinero o de otra basada en la satisfacción de las necesidades de todo tipo del ser humano son, como comentamos a continuación, de gran calado.

Ideas principales

- El afán por el dinero tan vigente en nuestros días tiene, en parte, causas naturales.
- El pensamiento económico dominante, con su olvido de la ética, la entronización del Mercado y la confusión del consumo con la felicidad, ha convertido en sinónimos éxito y dinero como en ningún otro momento de la historia.

- La evolución ha propiciado que en nuestra naturaleza convivan la búsqueda de la satisfacción de las necesidades básicas junto a la aspiración de saciar otras necesidades superiores. Ello se debe al carácter complejo de la naturaza humana, en la que coexisten lo físico, lo racional, lo emocional y lo espiritual.
- La complejidad de la naturaleza humana conlleva que, al igual que sucede con nuestro espectro de necesidades, nuestra concepción del éxito también tenga un carácter complejo.

Implicaciones

Como decíamos al comienzo del capítulo, la idea de éxito está relacionada con los objetivos vitales que nos ponemos y con el grado de satisfacción que experimentamos sobre hasta qué punto estamos alcanzando dichos objetivos. Lógicamente, todo ello condiciona nuestros comportamientos, nuestras decisiones y nuestras relaciones. Veamos cuáles son las principales implicaciones a nivel personal, empresarial y social de las dos concepciones del éxito que hemos expuesto en los apartados precedentes.

A nivel del individuo, la concepción dominante del éxito nos lleva a un notable empobrecimiento como seres humanos y a una aproximación distorsionada a la realidad. La asunción de que todos nos comportamos de forma exclusivamente racional y egoísta nos lleva a que actuemos en consecuencia y contemplemos a los otros dominados por la desconfianza y, por lo tanto, con miedo. El miedo es el tono emocional que tiñe de forma dominante nuestras relaciones. El miedo a que, si es lo que le resulta racionalmente conveniente, el otro nos traicione. Asimismo, si el afán de dinero, de poseer más y más cosas, es nuestro referente, nos encontramos inmersos en una paradoja: cuanto más tenemos, más deseamos tener y más miedo sentimos consciente o inconscientemente a perder lo que tenemos. Si tenemos una casa, queremos tener dos y, a ser posible, más grandes. Si tenemos un coche, queremos tener uno mejor. Si,

cuanto el vacío interno aflora a nuestra conciencia, nos encontramos mal, consumimos. Porque cuando consumimos nos olvidamos de lo vacía que es nuestra vida, de lo vacíos que estamos. En suma, nos lleva a una vida en que sólo en el momento que conseguimos algo nos sentimos satisfechos. Pero es una satisfacción efí-

elroto.elpais@gmail.com

mera. De forma más o menos inmediata, la insatisfacción por querer tener más o el miedo a perder lo que tenemos volverá a dominarnos. Como los pozos del cuento, nos llenamos de cosas pero nunca nos sentimos plenos. De lo único que estamos llenos es de insatisfacción y de miedo. Es una vida que sólo se llena desde fuera, y en la que, fundamentalmente, estamos solos. En suma, es una vida vacía y colmada de sufrimiento.

Como hemos dicho, las ciencias sociales tienen un carácter auto-profético. En este sentido, el profesor Jefrey Pfeffer, de la escuela de negocios de Stanford, ha profundizado sobre las implicaciones del lenguaje y las asunciones de la teoría y la práctica económica y empresarial preponderantes en los valores de las personas. Ha reunido interesantes datos que hablan por sí mismos[30]:

- Los estudiantes de escuelas de negocios son los que conceden menos importancia al conocimiento, la justicia económica y racial, y el desarrollo de una filosofía de vida con sentido; asimismo, son los que más consideran ganar dinero como el objetivo más importante de la vida (encuesta realizada por los profesores McCabe y Trevino entre dieciséis mil estudiantes universitarios norteamericanos en 1995).

- Los estudiantes de escuelas de negocios son los que más tendencia tienen a hacer trampas, copiar en exámenes, etc. Concretamente un 50% más que los estudiantes de cualquier otra especialidad y el doble que la media de todos los encuestados (McCabe and Trevino, 1995). Asimismo, mientras que el 66% de los estudiantes de económicas y empresariales afirman haber visto copiar en exámenes, el porcentaje es del 32% en los de derecho y del 18% en los de enfermería (encuesta realizada en el 2000 entre los estudiantes de una universidad privada católica por los profesores Hendershott, Drinan y Cross).

- La relación entre el tamaño de una empresa y sus actuaciones ilegales se fortalece cuanto mayor es el porcentaje de los miembros de la dirección que tienen un MBA (estudio realizado por los académicos Williams, Barret y Brabston en 2000).

- Quizá alguien pueda pensar que estos comportamientos se deben a las características de los estudiantes que eligen estudios empresariales y no a la formación que reciben en las escuelas de negocio. Como prueba del impacto de la educación en esta visión de la vida y de que no estamos ante un mero fenómeno de autoselección, un estudio longitudinal del Aspen Institute muestra que, con el paso del tiempo en el programa MBA, los estudiantes tienden a considerar en mayor medida la creación de valor para el accionista como el criterio más importante para las compañías, mientras que desciende la importancia que conceden a otros criterios como la satisfacción de las necesidades de los clientes y la calidad del producto.

Por supuesto, estos estudios reflejan tendencias y medias. Afortunadamente, muchos estudiantes y profesores de economía y empresa quedan fuera de la fotografía de la realidad que configuran dichos estudios, y son los primeros en denunciar las desviaciones y la falta de ética de algunos de sus compañeros y colegas.

Sin duda, considerar que el éxito es ser íntegramente humanos no es un camino de rosas, pero es un camino con sentido. Es un camino con sentido porque lo recorremos con todo nuestro ser. Es un camino en el que atendemos a nuestras necesidades físicas, racionales, emocionales y espirituales. Nada de nuestro ser queda al margen, nada se obvia, nada se sacrifica. Y es un camino que recorremos acompañados por el resto de seres humanos esforzándonos por crecer como personas. Seguimos sintiendo miedo, seguimos sufriendo, porque ambas emociones son humanas. Pero nuestra vida también está llena de emociones positivas. Disfrutamos de lo que tenemos, pero fundamentalmente disfrutamos por estar vivos, por todas las maravillas con que nos regala la vida. Nos asombramos ante el misterio de la vida y lo gozamos con todos sus claroscuros. Asimismo, confiamos en los demás. Nos esforzamos juntos. Caemos y nos levantamos. Aceptamos que en la vida hay de todo. Disfrutamos serenamente de lo bueno e intentamos sufrir serenamente los reveses y aprender de ellos. Consideramos el fracaso parte necesaria del éxito. El éxito está en aprender, en crecer internamente. Como para el pozo "El Vergel" del cuento, el florecimiento externo depende del crecimiento interno. No es un camino lleno de rosas pero es un camino plena e íntegramente humano.

Las implicaciones de ambas concepciones del éxito para las empresas y la sociedad se derivan de lo anterior. Al circunscribir el éxito a la capacidad de crear el máximo valor posible para los accionistas, el liberalismo económico ha empobrecido el concepto de empresa. Y, como no podía ser de otra forma, ha influido decisiva y negativamente en la forma de operar de muchas empresas, en su forma de organizarse, en la forma de relacionarse de sus integrantes y en las relaciones entre las empresas. El miedo y la desconfianza han echado profundas raíces en las empresas.

Generalizando y centrándonos en los extremos a fin de presentar el argumento con mayor claridad, a lo largo de la historia empresarial han convivido dos tipologías principales de empresarios (y, por lo tanto, de empresas): aquellos que consideran su iniciativa una inversión de la que esperan obtener el máximo beneficio; y aquellos para quienes su emprendimiento, sin olvidar la importancia de generar ganancias, tiene un sentido que va más allá de lo puramente económico. Es decir, en el primer caso ganar dinero es un fin en sí mismo, mientras que en el segundo ganar dinero es un medio que posibilita avanzar hacia un fin ulterior. Denominaremos a estas últimas "empresas humanistas" y a las primeras "empresas economicistas". La finalidad de las empresas "humanistas" es, lógicamente, muy diversa, pero sea cual sea siempre implica una búsqueda de realización personal del emprendedor y de contribución a una mejora, de mayor o menor calado, de la sociedad en su conjunto o de una parte de la misma. Es decir, conlleva un compromiso con el desarrollo de las capacidades personales pero no a costa del bien común sino, por el contrario, a favor del mismo. Aunque, como es lógico, sus externalidades de todo tipo son distintas, las empresas "humanistas" y "economicistas" han coexistido en el pasado y continúan haciéndolo en la actualidad, y en ambos casos podemos encontrar toda la gama que va del éxito duradero al rápido fracaso. Si bien puede afirmarse que hasta finales de la década de los 80 el número de empresas "humanistas" era superior al de las "economicistas", con el triunfo del liberalismo económico la situación se ha invertido. E incluso muchas empresas que continúan teniendo ideales humanistas se han visto contaminadas como consecuencia de la fuerza con que las ideas economicistas han calado en el mundo empresarial[31]. Como prueba de esta deriva, es interesante comprobar el cambio en la concepción de la responsabilidad empresarial que experimentó la Business Roundtable, organización formada por las empresas norteamericanas más importantes. Sobran las palabras.

Concepción de la responsabilidad empresarial.
Business Roundtable, 1981

"Equilibrar las expectativas de beneficios de los accionistas con otras prioridades es uno de los problemas fundamentales que ha de afrontar el gobierno corporativo. El accionista debe obtener un beneficio adecuado, pero los legítimos intereses de otros grupos de interés (clientes, empleados, comunidad, proveedores y la sociedad en su conjunto) también deben recibir una atención apropiada. Los ejecutivos líderes creen que proporcionando una consideración adecuada a equilibrar las legítimas reivindicaciones de todos sus grupos de interés, una corporación servirá mejor los intereses de sus accionistas."[32]

Concepción de la responsabilidad empresarial.
Business Roundtable,1997

"La noción de que el Consejo de Administración debe equilibrar de alguna forma los intereses de los accionistas con los intereses de otros grupos de interés tergiversa de forma fundamental el papel de los consejeros. Se trata, además, de una noción impracticable, porque dejaría al Consejo sin ningún criterio para resolver los conflictos entre los intereses de los accionistas y los grupos de interés o entre los de los diferentes grupos de interés."[33]

Dada la importancia que el mundo empresarial tiene en las sociedades consideradas desarrolladas, el triunfo del liberalismo económico también ha tenido graves consecuencias para la sociedad en su conjunto. Una de las más importantes es el proceso de adelgazamiento que han sufrido los estados y el paralelo auge del poder omnímodo de los mercados, ocasionado, entre otros motivos, por los procesos de desregulación y de privatización de las empresas estatales. Todo ello ha supuesto menos democracia, ya que los mercados funcionan al margen de la misma. Asimismo, las más burdas formas de codicia, egoísmo y desmesura desatadas por esta ideología han propiciado una sucesión de crisis económicas y financieras cada vez más profundas y un aumento espectacular de las diferencias en la distribución de la riqueza, tanto entre países como entre los habitantes de un país.

Para concluir, por afectar al fundamento mismo de la vida en común, vale la pena extenderse algo más en una de las implicaciones de más calado: el cuestionamiento del contrato social. El clima ideológico triunfante desde finales de los ochenta llevó a que los gobernantes y funcionarios dejaran de ser personas que servían los intereses públicos para ser consideradas sospechosas. Al fin y al cabo, la racionalidad calculadora no era una característica exclusiva del comportamiento económico y empresarial, sino que era inherente a la propia naturaleza humana. Por ello, la desconfianza y el control imperantes en las empresas se extendió al conjunto de la sociedad. Si queríamos evitar que, por ejemplo, los profesionales sanitarios o los funcionarios en general buscaran exclusivamente su propio interés, teníamos que controlarlos, ponerles objetivos cuantificables y medir su rendimiento. El altruismo humano pasó a ser considerado un mero cuento de hadas. Recordemos la rotunda afirmación de Friedrich Von Hayek, que hemos citado en el capítulo anterior, cuando éste estaba exponiendo su defensa de "un sistema automático autorregulado que es el único que puede devolvernos la libertad y la prosperidad", y se le preguntó si no era ésta una filosofía basada esencialmente en el egoísmo y qué papel desempeñaba el altruismo en ella: "el altruismo no tiene cabida". Poco importaba que con estas actuaciones y esta forma de pensar se estuviera liquidando el contrato social.

Principales implicaciones

- La concepción dominante del éxito nos empobrece como seres humanos y nos lleva a una visión distorsionada de la realidad y de los otros seres humanos.
- Asimismo, hace que en nuestras relaciones prime el miedo y en nuestras vidas reine el sufrimiento.
- Considerar que el éxito más importante es crecer como seres humanos íntegros dota a nuestra vida de sentido y nos devuelve la confianza.
- El triunfo del liberalismo económico y su concepción monográfica del éxito ha calado en el mundo empresarial, desvirtuando el propósito de numerosas empresas tanto "economicistas" como "humanistas".
- El auge del neoliberalismo ha supuesto el adelgazamiento de los estados, la sucesión de crisis económicas y el aumento de las desigualdades entre las personas y los pueblos. Asimismo, ha puesto en entredicho el contrato social.

Notas

Capítulo 3

[23] Cuento de Mamerto Menapace incluido en el libro de Jorge Bucay **Cuentos para pensar**, RBA, Barcelona, 2008.

[24] Krugman, Paul, *Who was Milton Friedman?*, **The New York Review of Books**, February 15, 2007.

[25] Maslow, Abraham, *A theory of human motivation*, **Psicological Review**, 50 (4), 1943. Posteriormente expandió su teoría en el libro **Toward a Psichology of Being**, 3rd Edition, Wiley, 1998.

[26] Frankl, Victor, **El hombre en busca de sentido**, Herder, Barcelona,1979.

[27] Por ejemplo, Seligman, Martin, **Authentic Happiness**, Free Press, New York, 2002.

[28] Fredrickson, Barbara, **op. cit.**

[29] Csikszentmihalyi, Mihaly, **Fluir (Flow)**, Kairós, Barcelona, 1996.

[30] Conferencia impartida en la Escuela de Ingeniería de la Universidad de Navarra el 30 de abril de 2004.

[31] Para un tratamiento más amplio de este tema, véase Rodríguez Badal, Miguel Ángel, **Cultura de la empresa del siglo XXI: una propuesta**, editado por la Fundación Bertelsmann y el Club de Excelencia en Sostenibilidad, 2009.

[32] The Business Roundtable, Statement on Corporate Responsability, 1981.

[33] The Business Roundtable, Statement on Corporate Responsability, 1997.

La gestión de las dualidades en la empresa íntegra

Figura 7. *La gestión de las dualidades en la empresa íntegra*

Introducción

La realidad se nos presenta de forma dual. El día no existiría sin la noche, la salud sin la enfermedad, la belleza sin la fealdad, el placer sin el dolor, la felicidad sin la tristeza, la vida sin la muerte. Los signos tipográficos y las figuras de este libro necesitan de un fondo claro para revelarse y, mientras los leemos, inspiramos y expiramos, y en el rítmico latir de nuestro corazón a la contracción sistólica le sigue la expansión diastólica. De igual forma, a las empresas la realidad se les presenta de forma dual: colaboración – competitividad, ganancia – pérdida, confianza – control, aprendizaje – eficiencia, etc., etc. En este capítulo trataremos de las tres dualidades empresariales que consideramos fundamentales por englobar a todas las demás: "corto plazo - largo plazo", "entorno – esencia" y "diseño – emergencia creativa". Podríamos considerarlas algo así como las tres dimensiones de la realidad empresarial: la primera sería la dimensión temporal (presente

86

y futuro), la segunda la espacial (lo externo, el entorno de la empresa, y lo interno, la esencia de la empresa) y la tercera la que podríamos denominar actitudinal (nuestra actitud ante la acción; hacemos, modificamos voluntariamente la realidad, o permitimos que ésta haga, que se exprese libremente). Antes de comentar de forma específica cada una de estas dualidades, a continuación explicaremos por qué es preciso referirnos a ellas en el contexto de este trabajo.

elroto.elpais@gmail.com

Aunque las tres dualidades mencionadas no son nuevas, en la actualidad numerosas empresas tienen dificultades para gestionarlas de forma apropiada. Esta incapacidad está relacionada con la forma de concebir la realidad, el ser humano y el éxito predominantes hoy en día, que lleva a contemplar los diferentes polos duales como contrarios en lucha en lugar de como opuestos que se complementan. Este hecho conlleva que muchas empresas se centren en el polo que consideran preferible e ignoren, cuando no nieguen, su polo opuesto. Nuevamente, en el origen de esta actitud conviven causas naturales y de tipo epistemológico.

Causas naturales de la gestión maniquea de las dualidades empresariales

Como ya hemos comentado, la vida se ha asegurado de que el instinto de supervivencia arraigara con fuerza en todos los seres vivos. Una de las formas de lograrlo ha sido promoviendo en ellos la tendencia a perseguir las oportunidades y alejarse de las amenazas. En el ser humano, este hecho natural se manifiesta en la tendencia de nuestra mente a juzgar, a valorar continuamente si algo es bueno o malo, positivo o negativo, útil o inútil. A poco que prestemos atención al funcionamiento de nuestra mente, veremos que ésta es su inclinación básica. La mente racional divide todo en dos y nos presenta los términos de la dualidad como excluyentes: si algo es bueno, no puede ser malo. Y viceversa. De ahí nuestra tendencia a considerar uno de los polos como preferible. Pero la naturaleza no es la única causa de este hecho. Ni siquiera, como veremos seguidamente, es la principal.

Causas epistemológicas de la gestión maniquea de las dualidades empresariales

En la incapacidad para aproximarse adecuadamente a las dualidades empresariales, mucha más influencia que las causas naturales ha tenido el triunfo en la cultura occidental de la razón, de la mente conceptual, como única forma de aproximarse a la realidad. En oriente, filosofías como la taoísta o el Vedanta siguen impregnando la cultura cotidiana, la forma en que se aproximan al mundo sus habitantes. Por ello, chinos, japoneses o indios no tienen dificultades para reconocer y apreciar la unidad que subyace en la dualidad. Saben que los polos opuestos no son excluyentes sino la manifestación de una unidad primordial que la razón es incapaz de percibir. Esta forma de pensar no es ajena a la cultura occidental. El pensamiento de Heráclito es un claro exponente de ello. Fue Aristóteles quien, con su principio de no contradicción[34], que consideró el principio de todos los principios, marcó un antes y un después. Aristóteles contempló dicho principio no sólo como una ley que rige el pensamiento racional, cosa que Heráclito, Lao Tzu o cualquier vedantista admitiría, sino como una ley de la realidad misma[35].

A pesar de que, especialmente desde el triunfo del racionalismo, esta forma de pensar, de ver el mundo, de considerar la razón el eje y la medida de la realidad, ha ocupado el centro de la escena en occidente, la capacidad de apreciar la unidad en la dualidad y de considerar que la razón no es sino una de las ventanas a la realidad, ha perdurado hasta nuestros días en la mística cristiana, judía y musulmana, y en diversos filósofos, científicos y pensadores. En sus obras **Mi visión del mundo** y **Mis ideas y opiniones**, Albert Einstein expuso sin ambigüedades su parecer sobre la insuficiencia del pensamiento racional. La rotundidad de las siguientes afirmaciones hace innecesario su comentario: "Es imposible llegar a ningún lado sin pecar contra la razón"; "La única cosa valiosa es la intuición"; "La mente intuitiva es un don sagrado y la mente racional su leal sirviente. Hemos creado una sociedad que honra al sirviente y ha olvidado el don". Otro científico de prestigio incuestionable como Niels Bohr, uno de los padres de la mecánica cuántica, también forma parte de esta corriente subterránea del pensamiento occidental. En uno de sus artículos, en los que expuso las conversaciones que mantuvo con Einstein sobre las implicaciones metodológicas de la teoría cuántica, habla explícitamente de la coincidencia de los opuestos: "En el Instituto de Copenhague, donde a lo largo de esos años una serie de jóvenes físicos de diversos países nos reuníamos para discutir, cuando nos encontrábamos en apuros solíamos reconfortarnos con chistes, entre ellos el viejo dicho de los dos tipos de verdad. Al primer tipo pertenecen afirmaciones tan simples y evidentes que la afirmación contraria resulta imposible de defender. El otro tipo, las denominadas 'verdades profundas', son enunciados cuyo opuesto es también una verdad profunda"[36].

Avanzar hacia la empresa íntegra, de la que trataremos en el próximo capítulo, requiere reconocer y gestionar de forma adecuada las dualidades fundamentales del mundo empresarial. Para ello, siguiendo el ejemplo de Einstein o Bohr, es preciso superar la barrera del pensamiento racional, trascender la aparente existencia de una oposición entre los polos de las dualidades con que se nos presenta la realidad y recuperar su unidad intrínseca. Asimismo, es necesario reconocer que el pensamiento económico dominante, con su concepción alicorta de la realidad, el ser humano y el éxito, ha llevado a las empresas a juzgar como preferible uno de los polos de dichas dualidades y a negar o subestimar el opuesto. Efectivamente, en la actualidad buena parte del mundo empresarial está dominado por el cortoplacismo, por un excesivo foco en el entorno y por el abuso del diseño, mientras que desdeña o ignora el largo plazo, la esencia y la emergencia creativa. A continuación consideraremos en mayor detalle cada una de estas dualidades. Veremos cómo la visión equilibrada de la tríada "realidad – ser humano – éxito" que se ha expuesto en los tres primeros capítulos, resulta imprescindible para conseguir trascender las dualidades empresariales fundamentales. Asimismo, veremos cómo la resolución de las tensiones que generan cada una de las dualidades no pasa ni por la preferencia por uno de los polos ni por el término medio. Por el contrario, frente a la tendencia a verlos como contrarios mutuamente excluyentes, es necesario entender su profunda complementariedad. En suma, en lugar de fijar nuestra atención y capacidad de acción en lo disyuntivo (la "o", lo que desune, lo que enfatiza lo antagónico), hemos de trascenderlo (ir más allá de los límites aparentes), buscar lo copulativo (la "y", lo que une, lo que subraya lo complementario) y actuar desde allí.

Dualidad temporal: corto plazo – largo plazo

Como decíamos, el pensamiento económico y empresarial dominante en las últimas décadas ha provocado, entre otras cosas, una clara predisposición de las empresas a enfocar su atención en el corto plazo y desatender el largo plazo. Sin duda, antes del triunfo de esta forma de entender la economía ya existían numerosas empresas, que como en el capítulo anterior denominaremos "economicistas", que seguían los presupuestos básicos de esta forma de pensar antes de su auge y eran, por tanto, temporalmente miopes. En consecuencia, para estas empresas la dominancia del liberalismo económico no ha supuesto un gran cambio en su naturaleza. Sin embargo, el apogeo que, por influencia del triunfo de dicho pensamiento y el subsiguiente proceso de privatización de las empresas públicas y de desregulación, han experimentado en las últimas décadas los mercados bursátiles, de por sí caracterizados por un desmedido cortoplacismo, ha acentuado más si cabe la creencia de las empresas economicistas de que su razón de ser se circunscribe a presentar resultados satisfactorios trimestralmente y, por ende, ha reforzado su inherente querencia por el corto plazo.

Como se ha comentado en el capítulo precedente, al igual que siempre han existido empresas economicistas, también ha habido otras, que denominamos "humanistas", que han entendido que el propósito de su actividad no podía limitarse a ganar dinero, sino que debía ir más allá y contribuir al progreso de la sociedad. Para un buen número de estas empresas, que son el precedente de la empresa íntegra que presentaremos en el próximo capítulo, el éxito del liberalismo económico ha tenido consecuencias de calado, al llevarlas a replantearse su propósito empresarial o a hacer una relectura del mismo más acorde con la atmósfera dominante. Todo ello les ha supuesto una notable disonancia cultural: mientras continuaban defendiendo su naturaleza humanista sus actuaciones se han teñido del tono economicista preponderante. Afortunadamente, no todas se han visto afectadas por este virus ideológico y muchas empresas humanistas han sabido mantenerse firmes en sus creencias.

La atención al largo plazo siempre ha sido y continúa siendo una de las características básicas de las empresas de tipo humanista. Es un tema tan crucial que suele ser considerado, aunque sea de forma tácita, en su Misión y en su Visión. Sin embargo, como estas empresas han sabido comprender, la importancia del futuro no debe suponer la desatención del presente. Si esto fuera así, las posibilidades de permanencia en el tiempo de la empresa y, por lo tanto, cualquier posibilidad de avanzar en la dirección marcada por su propósito, se verían gravemente comprometidas cuando no completamente truncadas. En cualquier caso, como bien conocen estas empresas, estamos ante dos polos de una dualidad que puede provocar importantes tensiones.

Un ejemplo concreto de tensión relacionada con esta dualidad lo constituye la lucha entre la necesidad de ser eficientes y la de aprender. Aprender implica invertir tiempo y recursos. Asimismo, supone equivocarse y, por supuesto, extraer de los errores cometidos las enseñanzas oportunas. Todo ello, a corto plazo, genera ineficiencias si nuestro horizonte es el próximo trimestre. El requisito de que las empresas gestionen adecuadamente la necesidad de ser eficientes, para tener éxito en el presente, y al mismo tiempo la de invertir en aprender, para continuar teniendo éxito en el futuro, es uno de los temas más tratados en la literatura académica desde que en 1982, con su obra seminal **In Search of Excellence**, Tom Peters y Bob Waterman llamaran la atención sobre las implicaciones de este reto para las empresas. Tras ellos, otras obras tan conocidas como **Built to Last**, de Collins y Porras, **Creative Destruction**, de Foster y Kaplan, o un artículo académico tan reconocido como *Exploration and explotation in organizational learning*, escrito en 1991 por James March, han tratado extensamente este tema[37].

Sin duda, las empresas han de ser eficientes. De hecho, la eficiencia es uno de los fundamentos de la teoría económica. Sin embargo, en numerosas empresas la búsqueda de la eficiencia ha conllevado, con frecuencia, un énfasis excesivo en hacer bien o, si se prefiere, hacer mejor lo que sabían hacer. Es decir, ha puesto el foco en el presente y ha obscurecido el futuro; ha promovido la seguridad, la aversión al riesgo y la certidumbre, al tiempo que ha frenado el desarrollo de la capacidad de apreciar y saber convivir con la búsqueda, el riesgo, el error y la incertidumbre. Cuando concedemos una importancia desmedida a la eficiencia podemos estar lastrando gravemente la capacidad de aprender y de crear. Un ejemplo todavía más concreto nos lo proporciona la relación entre eficiencia, aprendizaje y redundancia. Es bien sabido que la eficiencia está reñida con la redundancia, ya que ésta implica la duplicidad de los recursos usados para conseguir un determinado objetivo. Pues bien, muchas veces el aprendizaje pasa por promover la redundancia, como cuando una empresa constituye varios equipos para que trabajen en paralelo en un mismo proyecto. En resumen, resulta innegable que promover la capacidad de aprender y crear de la organización y sus integrantes implica unos costes que, a corto plazo, pueden mermar la eficiencia y reducir los resultados presentes.

La miopía cortoplacista es favorecida por la concepción de la realidad como algo ajeno a nosotros. La visión lineal que implica dificulta tomar conciencia de los bucles de retroalimentación entre el corto y el largo plazo. Es decir, merma la capacidad de ver y prever el influjo que la gestión del presente tiene en el futuro y viceversa. Asimismo, la concepción del ser humano y del éxito imperantes llevan a una gestión en la que predominan el miedo, la desconfianza y la aversión por la incertidumbre y, por consiguiente, marcada por el control, el egoísmo y la rigidez. El futuro es incierto e incontrolable y las personas sólo se preocupan por su propio beneficio, por lo que prima la preocupación por el día a día y por evitar que el egoísmo de los otros menoscabe el éxito propio. Asimismo, lleva a supeditar la gestión a la consecución de la satisfacción de los accionistas, como si el capital que aportan fuera la única fuente de creación de riqueza. Todo lo demás no son sino medios para conseguir el único fin que cuenta: la revalorización de la acción. Así, ante la disyuntiva "o apostamos por el presente o apostamos por el futuro", la única solución "razonable" es la que nos permite conseguir unos resultados trimestrales conformes con las ávidas expectativas de los mercados bursátiles.

Como decíamos, la resolución de las tensiones originadas por las dualidades empresariales fundamentales no pasa ni por la preferencia por uno de los polos ni por el término medio. La concepción equilibrada de la tríada "realidad – ser humano – éxito" permite percibir la profunda complementariedad existente entre el corto y el largo plazo. La consciencia de nuestro papel protagonista en la construcción de la realidad que vivimos, junto a una visión más rica y compleja del éxito y del ser humano, amplían nuestros horizontes y multiplican nuestras posibilidades de actuación. Nos hace más creativos y nos da más material para crear. De esta manera, somos más capaces de imaginar soluciones compatibles con la complementariedad del corto y el largo plazo y su interrelación. La disyuntiva se disuelva: "apostamos por el presente y, al hacerlo, apostamos por el futuro (y viceversa)". Descubrimos que, en realidad, la mejor forma de construir el futuro es cuidando el presente y la mejor forma de cuidar el presente es considerando el futuro; que, aunque parezca paradójico, sólo es posible gestionar óptimamente el presente cuando el foco está en el futuro y que sólo es posible gestionar óptimamente el futuro cuando el foco está en el presente.

Dualidad actitudinal: diseño – emergencia creativa

En el contexto de esta dualidad, con el término "diseño" abarcamos todo lo que tradicionalmente se ha considerado propio de la gestión empresarial: planificar, controlar, poner objetivos, establecer estructuras y jerarquías, delinear y organizar sistemas, procesos y procedimientos, etc. "Emergencia creativa" alude a la fuerza creativa de la vida. La emergencia es consustancial a la vida y, por tanto, a todos los sistemas vivos. Son las propiedades emergentes las que han posibilitado la espectacular evolución de la vida en nuestro planeta. Y una empresa es un sistema vivo. Pero, ¿qué es la emergencia? ¿qué son las propiedades emergentes? La emergencia es, precisamente, la característica que hace que, en cualquier sistema, al menos en cualquier sistema complejo como lo son todos los sistemas vivos, el todo sea más que la suma de las partes. Un ejemplo[38] puede ayudarnos a entender mejor este concepto. Pensemos en algo tan cotidiano como el azúcar. Gracias a la química sabemos que el azúcar está compuesto por átomos de carbono, hidrógeno y oxígeno. Sin embargo, ni con el más profundo conocimiento de la composición del azúcar y de cada uno de los elementos que la forman podría predecirse nunca su dulzor. El dulzor es, por tanto, una propiedad emergente del sistema formado por los átomos de carbono, hidrógeno y oxígeno. Por tanto, la dualidad "diseño – emergencia creativa" no es sino la dualidad entre hacer y no hacer, o mejor, entre hacer y permitir que se haga, entre actuar y permitir que el sistema genere novedades sin nuestra intervención consciente.

No es de extrañar que la mayoría de las empresas hayan prestado y continúen prestando su atención sólo al primero de los dos polos de esta dualidad. No en vano, la enseñanza en las escuelas de negocio, imbuidas por la concepción dominante de la tríada "realidad – ser humano – éxito", ha hecho hincapié en el diseño. En sus aulas los directivos o futuros directivos aprenden a diseñar las empresas. Diseñar supone definir, acotar y fijar cómo queremos que se organice la empresa. Se diseña la estrategia, la estructura y los sistemas de control, y se espera que, a partir de ello, la empresa funcione con el máximo de previsibilidad. Ello puede considerarse lógico cuando, siguiendo el racionalismo cartesiano, el paradigma del mundo, de la vida, del ser humano o de la empresa es la máquina. Incluso podía estimarse apropiado cuando el entorno empresarial era fundamentalmente estable. Pero esta estabilidad, que en cualquier caso siempre fue relativa, ha pasado a mejor vida. En la actualidad, el mundo empresarial se caracteriza por las turbulencias, por el cambio constante. Es en estas condiciones de cambio omnipresente y acelerado cuando las empresas más necesitarían abrirse a la emergencia creativa, cuando más cuidado deberían poner en que ésta fuera posible. La fijación en el diseño supone ignorar y actuar en contra de la fuerza creativa de la emergencia. Ésta es la fuerza que ha permitido a la vida recuperarse de todas las catástrofes que ha tenido que afrontar a lo largo de la historia de nuestro planeta y prosperar a pesar de ellas. Y ésta es la fuerza que puede aportar a las empresas resiliencia, es decir, la capacidad, de creciente importancia, de asumir con flexibilidad situaciones límite y sobreponerse rápidamente a ellas. La concepción equilibrada de la tríada "realidad – ser humano – éxito" crea las condiciones necesarias para que las empresas sean más sensibles a la emergencia y más conscientes de su importancia. El sabernos creadores de nuestra realidad nos hace más responsables. Y el ser conscientes de la influencia de la realidad en nosotros nos hace más humildes. Esta mezcla de responsabilidad y humildad nos proporciona ecuanimidad y capacidad de aceptación y asombro ante el misterio que es la vida. Nos ayuda a entender a Carl Jung cuando decía que, muchas veces, cuando algo no nos gusta y actuamos oponiendo resistencia lo que hacemos es reforzar esa experiencia y que, por el contrario, cuando la aceptamos, cuando nos abrimos plenamente a la experiencia, ésta se transforma. De igual forma, alejarnos de la visión negativa del ser humano y simplista del éxito favorece la confianza. La confianza en las personas, en su compromiso y en su capacidad. En que no sólo no se mueven en exclusiva por lo extrínseco, por lo material, sino que, por el contrario, sus motivaciones más poderosas son de naturaleza intrínseca y que, en este terreno, lo colectivo, la cooperación, el altruismo, etc. tienen preeminencia sobre lo mezquino y egoísta. En definitiva, la fijación obsesiva en el diseño implica miedo, mientras que la apertura a la emergencia supone confianza.

Lo dicho más arriba no significa que las empresas hayan de prescindir del diseño. En absoluto. Por el contrario, sugiere, pone sobre la mesa, una necesidad: la gestión empresarial ha de velar porque el diseño no impida la acción enriquecedora y creativa de la emergencia. Somos conscientes de que diseño y emergencia pueden contemplarse como dos polos todavía más en pugna que los de la dualidad "corto plazo - largo plazo". ¿Cómo pueden las empresas lidiar con esta pareja de opuestos? Como se ha indicado en el caso anterior, gestionar apropiadamente esta dualidad no equivale ni a poner el foco exclusivamente en uno de los polos ni a buscar el término medio. Por el contrario, es preciso continuar diseñando. Al fin y al cabo, el diseño es consustancial a toda organización humana y, por tanto, a toda empresa. Pero, al mismo tiempo, es imprescindible que el diseño no sólo no impida sino favorezca que la emergencia se manifieste. Para conseguirlo, nuevamente hay que saber ver el carácter complementario de los polos de esta dualidad. La emergencia creativa puede suponer que surjan nuevas estructuras, objetivos o sistemas de control y aprendizaje que no estaban previstos, y que pueden pervivir sólo durante un tiempo o pueden perpetuarse y convertirse en el modelo de nuevos diseños. Por ejemplo, en una unidad de negocio puede emerger, sin que medie el diseño consciente, un equipo de proyecto temporal para acometer la resolución de un determinado problema o aprovechar una oportunidad concreta que no estaban previstos por la estrategia y estructura formales. El liderazgo de este equipo puede no seguir la línea jerárquica establecida, sino basarse en el nivel de conocimiento y experiencia sobre el tema, o de entusiasmo por el mismo, de sus integrantes. Asimismo, puede ser el terreno óptimo para que cualidades tan valiosas como la creatividad, iniciativa y espíritu emprendedor de sus miembros se manifiesten y desarrollen en toda su extensión. Todo ello puede, sin más, acabar una vez el proyecto llegue a su fin o, por el contrario, la experiencia puede servir de modelo y reproducirse, mediante el diseño consciente, en otras partes o áreas de la organización. Vemos, por tanto, que es posible gestionar esta dualidad de forma que el polo "diseño" permita y promueva la emergencia y, al mismo tiempo, el polo "emergencia" sirva de base para la mejora del diseño. En resumen, nuevamente, en lugar de ver los polos de la dualidad como contrarios que se repelen y excluyen, hemos de contemplarlos como extremos que se complementan. Una buena gestión de la tensión que generan estas polaridades contribuirá decisivamente a que el "todo" que es la empresa sea con el tiempo un "todo" continuamente mejor.

Dualidad espacial: entorno – esencia

Tal y como veremos en el próximo capítulo, una empresa es un sistema que opera en un entorno y que debería contribuir al progreso del mismo. Ello implica mantener una continua relación con el exterior que le permita conocer y anticipar los cambios, tendencias, requerimientos y necesidades de dicho entorno. Al mismo tiempo, una empresa es un sistema que busca actuar de acuerdo con un propósito que la hace única y la dota de sentido. Es decir, ha de tener una individualidad diferenciada, una esencia. Estamos, por tanto, ante una nueva dualidad empresarial: la necesidad de ocuparse de lo externo, de lo no esencial, y la de ocuparse de lo interno, de lo que constituye la esencia diferencial de la empresa.

Tradicionalmente, la gestión de esta dualidad no ha supuesto excesivos problemas a la mayoría de las empresas. Éstas tenían una clara conciencia de su propósito: ganar dinero en el caso de las empresas "economicistas" e ir más allá de ello en las de tipo "humanista". Y se relacionaban con el exterior de forma efectiva. En el caso de las "economicistas" con un ánimo básicamente egoísta, de sacar el máximo, y en el de las "humanistas" con uno guiado primordialmente por la voluntad de servicio, de ganar-ganar. Sin embargo, el auge del pensamiento económico liberal ha conllevado que en los últimos tiempos muchas empresas, tanto de tipo "humanista" como "economicista", hayan prestado una atención al entorno excesiva y, sobre todo, inconsistente con su propósito, con su esencia. Las empresas economicistas porque a su anterior preocupación por el entorno, circunscrita al objetivo de ganar más, han tenido que añadir una pátina de responsabilidad aparente, inquietas por su reputación y el impacto que ésta puede tener en lo que, en cualquier caso, continúa siendo su único propósito. Las humanistas porque el pensamiento único en que ha sabido erigirse el neoliberalismo las ha impelido a gestionar lo externo desde posiciones ajenas a su esencia, con lo que sus nuevas relaciones con el entorno resultan en muchos casos forzadas, faltas de espontaneidad, porque son remedos de actuaciones que no les son propias, porque no les salen de dentro. De igual forma que la concepción dominante del mundo y de la realidad ha vaciado de carne y espíritu al ser humano trocándolo en una pobre caricatura (un *homo economicus* dispuesto a cualquier cosa con tal de satisfacer sus deseos ilimitados y, por tanto, permanentemente insatisfecho), y ha reducido el éxito a ganar más y más dinero, ha convertido a muchas empresas en cáscaras huecas, en máquinas sin alma, sin esencia. Para recuperar su integridad, que será el tema central del próximo capítulo, las empresas que la hayan perdido han de comprender profundamente e incorporar los cambios que se han producido en el entorno, pero sin abandonar la buena gestión de la dualidad entorno – esencia.

Como dice Humberto Maturana[39] hablando de la relación de cualquier ser vivo con su entorno, los diversos acontecimientos, cambios, fenómenos, etc. que se producen en el entorno tienen la virtud de provocar que los organismos vivos respondan, reaccionen. Esto es consustancial a la interrelación existente entre la realidad y cualquier ser vivo. Pero el carácter de esta respuesta no viene determinado por el entorno sino por el propio ser vivo. Es su propia naturaleza la que determinará de qué manera el organismo responderá a lo acontecido en el entorno. Para Maturana ésta es una característica fundamental de todo lo vivo, de la vida en general. Tan fundamental que sin ella no existiría la vida o, al menos, no existiría tal y como la conocemos. Es decir, el entorno puede provocar que yo reaccione, pero la naturaleza de mi reacción depende de mí. En el ser humano, éste es el origen de su responsabilidad y de su libertad. Del mismo modo, las empresas han de tener conciencia de su esencia, de lo que las hace únicas y las dota de sentido, y han de mantener una fluida relación con su entorno que les permita percibir lo que está pasando en el mismo y responder oportunamente. Pero la naturaleza de su respuesta ha de ser congruente con su esencia. De esta forma, lo intrínseco (su esencia, lo interno, lo que las dota de individualidad) puede enriquecer lo externo sin perderse en el proceso. Asimismo, el proceso de aprendizaje y relación con el entorno puede llevar a que la empresa considere oportuno modificar en alguna medida su esencia, de forma que su relación y sintonía con el entorno salga favorecida. Contemplada de esta forma la dualidad, existe un proceso de influencia mutua entre lo extrínseco y lo intrínseco en el que ambos salen mutuamente beneficiados.

Las empresas han de cuidar su esencia, lo que las hace únicas, lo que les proporciona su cultura, su alma, su "personalidad". En este sentido, es fundamental que estén firmemente ancladas en su esencia pues, de lo contrario, estaríamos ante "empresas veleta". Al mismo tiempo, su alma ha de permitir que la empresa mantenga una sintonía fina con su entorno, de manera que pueda reconocer los cambios que se produzcan, anticipando o facilitando su adecuación a los mismos, ya que, de otra forma, estaríamos ante una "empresa autista". En suma, es fundamental que las empresas tengan en cuenta la importancia de gestionar de forma óptima la dualidad entorno - esencia, preservando su esencia, lo que las hace únicas, y, al mismo tiempo, manteniendo una relación sensible y enriquecedora con el entorno.

Notas finales

En este capítulo nos hemos centrado en lo que consideramos los tres focos de tensión más importantes de la gestión empresarial.

Para concluir nos gustaría subrayar dos hechos que, aunque se hayan sugerido, quizá puedan pasar desapercibidos.

Las dualidades mencionadas no son opcionales. Aunque las neguemos o ignoremos, continúan existiendo. Por tanto, estas actitudes suponen, en primer lugar, un peligro. Peligro de no llegar al futuro, de no aprovechar la creatividad emergente y de, carentes de un ancla, diluirnos en el entorno. Pero, con ser importantes, estos peligros no son lo más relevante. Lo primordial es que con dicha actitud estamos desperdiciando una tremenda oportunidad. La de beneficiarnos de la fuerza creativa que supone reconocer y gestionar como se ha descrito más arriba las tensiones que generan las tres polaridades fundamentales de la empresa. Lo estúpido es negarlas. Lo fácil, buscar el término medio. Lo excelente, lo que distingue a los buenos gestores de los burócratas y aprendices, es sumergirse en las tensiones, entender su juego, y gozar y aprovechar al máximo su fuerza creativa. La fuerza creativa que renovará continuamente a la empresa sin que ésta deje de ser nunca ella misma.

El segundo hecho que vale la pena subrayar es que las tres dualidades están interrelacionadas. En primer lugar, porque la clave de su gestión óptima es compartida por las tres: entender la interrelación entre los dos polos y buscar de qué manera pueden alimentarse mutuamente. Por ello, aprender a gestionar cualquiera de las dualidades ayuda a entender de qué forma pueden gestionarse las otras dos. Pero también porque comprender la importancia de, por ejemplo, la esencia y de cómo ésta es el eje que nos permite relacionarnos adecuadamente con el entorno implica comprender que el largo plazo es lo que da sentido a la esencia y ayuda a apreciar la energía de la emergencia creativa, y conlleva reconocer cómo largo plazo y emergencia se complementan de forma armónica con el corto plazo y el diseño. Como veremos en el último capítulo, entender de esta manera estas tres dualidades permite gestionar los tres fundamentos de una empresa, personas, cultura compartida y aspectos organizativos y, con ello, avanzar hacia la empresa íntegra.

Notas

Capítulo 4

[34] En su Metafísica, Aristóteles presenta el "principio de no contradicción" de la siguiente forma: "Nada puede ser y no ser al mismo tiempo y en el mismo sentido".

[35] Para un tratamiento amplio y profundo de este tema, véase Cavallé, Mónica, **La sabiduría recobrada**, Oberon, 2002.

[36] Bohr, Niels, *Discussion with Einstein on Epistemological Problems in Atomic Physics*. Fuente: **Albert Einstein: Philosopher-Scientist** (1949), Cambridge University Press, 1949. Informe de Niels Bohr de sus conversaciones con Einstein y respuesta de Einstein.

[37] Peters, Thomas J., and Robert H. Waterman Jr., **In Search of Excellence: Lessons from America's Best Run Companies**, HarperBusiness, 2004. Collins, James C., and Jerry I. Porras, **Built to Last: Successful Habits of Visionary Companies**, New York: HarperCollins, 1997. Foster, Richard, and Sarah Kaplan, **Creative Destruction: Why Companies That Are Built to Last Underperform the Market—And How to Successfully Transform Them**, Currency, 2001. March, James G., *Exploration and exploitation in organizational learning*, **Organization Science**, 1991, Volume 2, Number 1.

[38] Tomado de Capra, Fritjof , **The Web of Life: A New Scientific Understanding of Living Systems**, First Anchor Books, 1996.

[39] Véase, por ejemplo, Maturana, Humberto R., **Biología de la cognición y epistemología**, Ediciones Universidad de la Frontera, 1990.

Capítulo 5

Hacia la empresa íntegra

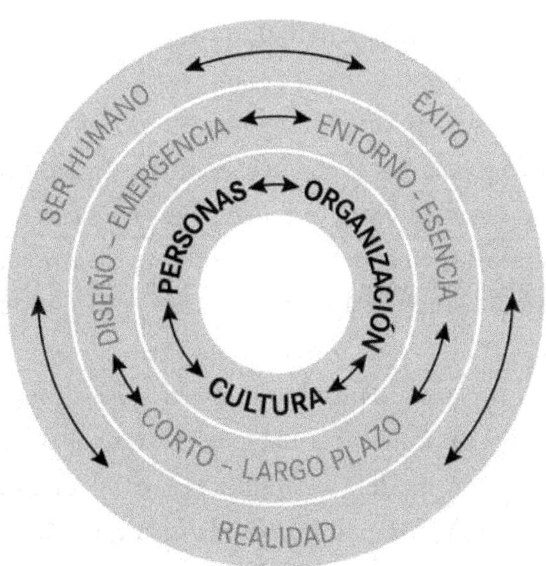

Figura 8 *Hacia la empresa íntegra*

Este capítulo es la última estación de un breve viaje. Hasta ahora, en las cuatro etapas precedentes hemos visitado cuatro temas esenciales para entender nuestro punto de partida y poder contemplar con ojos renovados el destino al que nos dirigimos. Como Odiseo, nos hemos alejado de Troya y, gracias a lo que hemos aprendido en el camino, podemos contemplar Ítaca con otra mirada más humana, responsable y solidaria. Y lo que vemos es que otra empresa, una empresa íntegra, es posible. Y que este destino es beneficioso para las personas que trabajan en ella, para la sociedad y para el planeta.

En las siguientes páginas definiremos qué es una empresa íntegra y esbozaremos lo que estimamos que son los tres fundamentos que la sustentan: sus personas (cómo las consideramos), su cultura (qué valores y creencias compartimos a la hora de relacionarnos y actuar) y su organización (de qué andamiaje nos hemos dotado). Como podrá comprobarse, la empresa íntegra que presentamos, tomada en su conjunto, es una idealización. Pero lo importante es el horizonte hacia el que apunta y el camino que traza hacia dicho horizonte. La descripción no va a ser hiperrealista porque para hablar de los detalles necesitaríamos tomar como modelo una empresa real o un conjunto de empresas reales. Y, como dijimos en la introducción, nos hemos decantado por una obra conceptual, reflexiva, breve y desnuda de ejemplos empresariales. Dotar de vida a la empresa íntegra es tarea de los empresarios y directivos que por su manera de actuar podrían haber servido de ilustración a esta obra, así como de los decidan acercar la realidad de su empresa a los presupuestos de la empresa íntegra. Y, quizá también, de una nueva obra.

¿Qué es una empresa íntegra?

Aunque no todos estarán de acuerdo, consideramos que una empresa es, básicamente, una comunidad de personas que colaboran de forma organizada para conseguir un fin. Por lo tanto, para dar respuesta a la pregunta que da título a este apartado comenzaremos por definir qué es una persona íntegra. Etimológicamente, íntegro procede del latín *integer*, entero. En el diccionario encontramos dos definiciones. La primera alude al sentido original de la palabra: "que no carece de ninguna de sus partes"; la segunda se corresponde con el comportamiento esperable de una persona íntegra, es decir, completa, cabal: "recta, proba, intachable". Como decíamos en el capítulo tercero, la naturaleza humana es compleja, en el sentido de que en ella coexisten cuatro aspectos que, si bien son diferenciables, están relacionados de forma inextricable: lo físico, lo racional, lo emocional y lo espiritual. Por lo tanto, una persona extraordinariamente racional pero ignorante de su mundo emocional o de gran espiritualidad pero que no alimente sus necesidades físicas, no es una persona íntegra. Es decir, una persona íntegra es una persona en la que conviven de forma armónica los cuatro aspectos que comprende la naturaleza humana. Es esta complejidad y armonía lo que origina el comportamiento "recto, probo, intachable" de la segunda definición de la Academia de la Lengua. En definitiva, una primera característica de la empresa íntegra es que está compuesta de seres humanos íntegros.

Como decíamos, la comunidad de personas que forman la empresa colabora para conseguir un fin. El carácter de dicha finalidad influye decisivamente en la tipología de la empresa. Si el fin de ésta se reduce a ganar dinero nos encontraremos con una cultura empresarial en la que primará la competitividad, en la que las personas que la integran serán meros recursos a gestionar de forma eficiente y, por tanto, sustituibles, y en la que, fácilmente, el fin supremo justificará los medios. Por tanto, una empresa íntegra, por definición, ha de tener una finalidad no sólo económica sino polifacética. Aunque cada empresa íntegra tendrá su propia finalidad, en términos generales la razón de ser de la empresa íntegra es contribuir al desarrollo de la sociedad en la que opera y de las personas que la forman de manera sostenible temporal y ecológicamente. En ella, ganar dinero no es un fin en sí mismo sino un medio de conseguir dicho fin. Como veremos en este capítulo, todo ello conforma una cultura determinada.

Por último, una empresa es una comunidad organizada. Las características de dicha organización estarán relacionadas con la manera de concebir la finalidad de la empresa y de contemplar a las personas que la forman. Si las personas son recursos y el propósito ganar dinero, los aspectos organizativos tenderán a seguir el modelo de la máquina, porque dicho modelo es el que, en apariencia al menos, aporta más previsibilidad y certidumbre. La empresa íntegra es consciente de que la incertidumbre es consustancial a la vida, por lo que ve en ella no un problema sino una fuente de oportunidades que le permite ir avanzando hacia su propósito. Por tanto, en su organización convivirán el diseño con la emergencia creativa.

Resumiendo todo lo dicho la definición de empresa íntegra puede ser la siguiente: *comunidad de personas íntegras que promueve una cultura y un tipo de organización que le permite avanzar hacia un fin que conjuga de forma armónica la vocación de servicio con la voluntad de permanecer en el tiempo.* A continuación comentaremos en más detalle los tres fundamentos básicos de una empresa íntegra: las personas, la cultura compartida y los aspectos organizativos. Nuestra intención no es presentar un modelo sino reflexiones e ideas que las empresas interesadas habrán de adaptar a su realidad. Como ya se ha sugerido, los tres fundamentos están interrelacionados. Contemplar a las personas que forman la empresa como seres humanos íntegros tiene una influencia decisiva en el tipo de cultura que se vive en la empresa y en la manera en que ésta se organiza. Asimismo, la cultura y la organización de la empresa influyen en la integridad de las personas que la forman. En definitiva, personas, cultura y organización determinan el comportamiento de la empresa.

Antes de entrar en la aproximación de la empresa íntegra a sus personas, cultura y aspectos organizativos, creemos oportuno comentar un tema. Desde hace algo más de una década y bajo diferentes denominaciones se ha introducido con fuerza la responsabilidad social empresarial (RSE). Sin entrar en la discusión terminológica, parece oportuno aclarar en qué se diferencian lo que denominamos empresa íntegra y lo que suele entenderse por empresa responsable. La principal divergencia entre ambas es que la primera es una propuesta radical, en el sentido de que surge de una reflexión profunda, que pretende llegar a la raíz del problema, sobre el papel y el impacto de la empresa en el ser humano, en la sociedad y en el mundo; la segunda, sin embargo, nace de la necesidad de promover en las empresas un comportamiento más responsable sin cuestionar los fundamentos que han dado origen al comportamiento no responsable. Por ello, las respuestas de las empresas responsables a los problemas que asolan el mundo resultan, en nuestra opinión, fragmentarias e insuficientes. Asimismo, el auge de la RSE ha ocasionado que, en numerosas empresas, incluyendo muchas de las que lideran este movimiento, se considere importante lo que hacen (su comportamiento) mientras que lo que son (su esencia) y la relación entre su esencia y su comportamiento quedan relegados a un segundo plano. Y todavía más: esta falta de radicalidad ha llevado a que en numerosas empresas ni siquiera lo importante sea lo que hacen, sino cómo el entorno (las diferentes partes interesadas o *stakeholders*) percibe lo que hacen. De ahí la tremenda importancia que se concede a la reputación. No pretendemos negar el valor de la reputación, sino criticar el hecho de que ésta haya pasado de ser consecuencia de un comportamiento, de una manera de hacer las cosas, a ser un fin en sí misma. En definitiva, la empresa íntegra tiene un comportamiento íntegro y, por tanto, responsable. Dicho comportamiento, como veremos a lo largo del capítulo, es consecuencia de su integridad esencial y, por tanto, de su concepción íntegra de las personas que la componen y del carácter íntegro de éstas.

Las personas en la empresa íntegra

Contemplar, con todas sus consecuencias, a las personas que la forman en su integridad, es la piedra angular de la empresa íntegra. Y contemplarlos en su integridad significa tener en cuenta todos sus aspectos y necesidades de manera holística. No basta con declaraciones, con frecuencia huecas, del tipo "nuestras personas son el recurso más importante". Ni siquiera basta con garantizarles el puesto de trabajo, ni tampoco equivale a ello, aun con toda la importancia que este tema tiene. Por supuesto, tampoco equivale a consentir comportamientos no acordes con los legítimos intereses y necesidades de la comunidad que implica una empresa íntegra. Entonces, ¿qué significa? La psicología positiva y las neurociencias nos ofrecen algunas claves que pueden ayudarnos en esta tarea.

Aunque sus presupuestos básicos se encuentran en los trabajos de psicólogos como Abraham Maslow, Carl Rogers, Erich Fromm o Viktor Frankl, la psicología positiva nace oficialmente en 1998 por iniciativa de Martin Seligman, a la sazón presidente de la Asociación Americana de Psicología. Hasta entonces la investigación científica y la práctica clínica de la psicología se habían centrado fundamentalmente en la enfermedad mental. El objetivo de Seligman fue no sustituir sino complementar esta realidad, promoviendo que tanto la investigación como la práctica psicológica contribuyeran a encontrar y cultivar el talento y el genio de las personas mentalmente sanas, conseguir que éstas tuvieran una vida más satisfactoria y, en definitiva, favorecer el florecimiento de individuos, familias y comunidades. En resumen, la psicología positiva promueve el desarrollo de las potencialidades positivas del ser humano en lugar de centrarse en lo disfuncional y negativo del mismo. Para ello investiga temas como el estado de flujo[40], los valores, las virtudes, los talentos y la forma en que éstos pueden ser desarrollados por los individuos y promovidos por los sistemas e instituciones sociales.

La psicología positiva es a menudo denominada la "ciencia de la felicidad". Efectivamente, su propósito es básicamente entender cuáles son las bases de la felicidad y, a partir de ello, cómo promoverla. En su búsqueda, sus caminos se han cruzado y complementado con los espectaculares avances conseguidos en los últimos años por las neurociencias gracias, entre otros motivos, al desarrollo de sofisticados instrumentos y técnicas para la obtención de imágenes del cerebro y el seguimiento preciso de los cambios fisiológicos, que han permitido identificar y medir de qué manera la dinámica de las redes neuronales del cerebro y de fenómenos como el latido cardíaco, el sudor o los cambios hormonales se relacionan con los diferentes estados emocionales. Asimismo, tanto las neurociencias como la psicología positiva se han apoyado en los profundos conocimientos de tradiciones milenarias como el estoicismo o el budismo sobre la felicidad y el sufrimiento humanos, y han investigado el efecto en la felicidad humana de las herramientas, técnicas y metodologías cognitivas, meditativas y de autoconocimiento que dichas tradiciones han desarrollado.

De forma resumida y circunscribiéndonos a los temas que consideramos relacionados de forma más o menos directa con las personas en la empresa, algunos de los principales descubrimientos y conclusiones de la psicología positiva y las neurociencias son los siguientes:

- El nivel de satisfacción laboral depende de aspectos como hasta qué punto disfrutamos con lo que hacemos, de la red de relaciones personales que establecemos en el trabajo, de nuestras habilidades sociales o del tipo de liderazgo. Por el contrario, a partir de un cierto nivel, no depende del salario. De hecho, una vez cubiertas las necesidades básicas de la persona, el dinero no guarda relación con la felicidad.

- Las emociones positivas (alegría, gratitud, serenidad, interés, esperanza, sano orgullo, diversión, inspiración, amor, etc.) nos hacen sentir bien.

- Las emociones positivas contrarrestan la negatividad.

- La estabilidad emocional está correlacionada con la inteligencia social y la felicidad.

- Las emociones positivas modifican el funcionamiento de nuestra mente en términos tanto de contenido como de apertura y amplitud. Con el tiempo, aumentan nuestros recursos y capacidades ('broaden and build theory' de Barbara Fredrickson), lo que, en último término, tiene repercusiones físicas, como dormir mejor, mentales, como estar más en el presente y ser más consciente de lo que sucede, psicológicas, como mayor optimismo y resiliencia, y sociales, como mejores relaciones personales[41].

- Aunque la genética influye en nuestro nivel básico de felicidad, la felicidad, como la infelicidad, puede aprenderse y desarrollarse.

- El uso de las fortalezas (capacidades, habilidades ...) personales contribuye a la felicidad, especialmente cuando se consigue un estado de flujo, una de cuyas características es tener que

afrontar un nivel de reto adecuado (no aburrirse haciendo algo que dominamos ni sentirnos abrumados por la magnitud del reto).
- Llevar una vida con sentido y sentir que formamos parte de algo mayor contribuyen decisivamente a nuestra felicidad.
- Entre los hábitos y actitudes que incrementan el nivel de felicidad están la gratitud, el reconocimiento (darlo y recibirlo) y el comportamiento altruista.
- El ejercicio y la dieta influyen en el estado de ánimo.
- La atención plena en el momento presente, en el aquí y ahora, es un ingrediente esencial en la receta de la felicidad.

Además de este resumen de los hallazgos de la psicología positiva y de las neurociencias, vale la pena presentar uno más con un poco más de detalle. Nos referimos al descubrimiento de que, para conseguir que las personas y los equipos de trabajo florezcan, la tasa entre positividad y negatividad debe ser de 3 a 1 como mínimo y de 11 a 1 como máximo. Esta conclusión es fruto de la colaboración entre Barbara Fredrickson y Marcial Losada, quienes pudieron comprobar que tanto en equipos directivos como en parejas e individuos existe esta relación numérica entre positividad y negatividad[42]. Tomando prestada la metáfora que ellos usan, al igual que el agua por debajo de 0 grados centígrados se convierte en hielo, la vida de los seres humanos languidece cuando la relación entre sus vivencias positivas y negativas es menor de tres. Sin embargo, basta aumentar dicha relación a 3 para que, al igual que la rigidez del hielo da paso a la flexibilidad, adaptabilidad y dinamismo del agua líquida por encima de 0 grados, las personas y sus relaciones crezcan fuertes y sanas y florezcan. Asimismo, de igual manera que por encima de 100 grados el agua se convierte en gas, una relación entre lo positivo y lo negativo por encima de 11 lleva al colapso a los seres humanos. Aunque, todo hay que decirlo, la superación de dicho límite no sea fácil ni frecuente, este punto de inflexión tiene un sentido. Podríamos decir que superarlo equivale a perder el contacto con la tierra, a perder las raíces y vivir en las nubes. Desarraigadas, las plantas no florecen.

Como veremos en los próximos apartados, la empresa íntegra tiene en cuenta estas contribuciones de la psicología positiva y las neurociencias en su cultura y en sus sistemas organizativos. Los principales beneficios que de forma más o menos directa obtiene con ello son los siguientes:

- **Coherencia.** Cuando el único propósito es ganar dinero y todo vale para hacerlo realidad, la coherencia carece de interés. Sin embargo, para la empresa íntegra ser coherente lo es todo. Y la piedra de toque de su coherencia es cumplir con su propósito de buscar personas íntegras y facilitar su desarrollo, lo que, entre otras cosas, implica tener en cuenta los hallazgos de las neurociencias y la psicología positiva.

- **Motivación y contribución.** Atender y promover el desarrollo integral de sus personas contribuye decisivamente a su satisfacción con la empresa y a su sentido de pertenencia, lo que, indudablemente, aumenta su compromiso. Y, como es fácil de entender, la contribución de una persona satisfecha, identificada y comprometida es mucho mayor que la de otra que es un mero mercenario inmerso en un sistema dominado por el miedo y el control, que vende parte de su tiempo y cumple lo necesario.

- **Creatividad y capacidad innovadora.** Todos somos creativos. En realidad, vivir es crear. Mientras que en la empresa-máquina la creatividad, cuando está presente, vive sólo en los pisos superiores, la empresa íntegra es un terreno fértil para que esta cualidad humana pueda florecer de forma ubicua. En efecto, como han demostrado las neurociencias y la psicología positiva, las emociones positivas abren nuestras mentes y corazones, lo que, sin duda, favorece nuestra capacidad de crear. Por supuesto, de esta creatividad se nutrirá la capacidad de la empresa de imaginar y desarrollar innovaciones de todo tipo.

- **Resiliencia.** La resiliencia es la capacidad de asumir con flexibilidad situaciones límite y sobreponerse con rapidez a ellas. Y la positividad, como hemos indicado, contribuye a su desarrollo. Como es fácil de entender, al favorecer la resiliencia de sus personas la empresa íntegra cultiva un recurso fundamental para conseguir su propia supervivencia.

- **Integridad.** En último término, el comportamiento íntegro de la empresa depende del comportamiento íntegro de sus personas. Contemplarlas en su integridad favorece dicho comportamiento.
- **Responsabilidad ecológica y social.** La integridad de las personas y de la empresa en su conjunto facilita el cumplimiento de su propósito en este terreno. Las personas y las empresas con un alto grado de desarrollo de su integridad contemplan su responsabilidad ecológica y social no como algo simplemente deseable que, en ocasiones, se puede diferir cuando otras necesidades apremian. Por el contrario, comportarse de forma responsable con la sociedad y el medio ambiente es inherente para ellas.

Como es obvio, para que esta forma de contemplar a las personas sea posible se precisa una concepción equilibrada de la tríada realidad – ser humano – éxito. Como vimos en el capítulo primero, la capacidad de percibir los bucles existentes entre nosotros y la realidad repercute positivamente en nuestra capacidad de relacionarnos con los demás, ya que nos hace más conscientes de cómo influimos en ellos con nuestra actitud, nuestras palabras y nuestros filtros mentales, y cómo los demás influyen en nosotros. De cómo, en definitiva, nuestros destinos están ligados y todo ello conforma nuestra responsabilidad. La importancia de una visión equilibrada del ser humano para esta forma de contemplar a las personas no es necesario explicarla.

Simplemente recalcaremos que la concepción negativa se caracteriza, entre otras cosas, por su reduccionismo y, por lo tanto, resulta antitética a una concepción integral de la persona. En cuanto a la idea de éxito, el propósito polifacético de la empresa íntegra no es sino la plasmación empresarial de la visión equilibrada del éxito que vimos en el capítulo tercero.

Asimismo, esta concepción del ser humano y la gestión de las dualidades empresariales que vimos en el capítulo cuarto están estrechamente interrelacionadas. Por un lado, porque una gestión inclusiva de las dualidades temporal, espacial y actitudinal, y que, por lo tanto, no ignore el largo plazo, la esencia y la emergencia creativa, facilitará que se contemple a las personas en su integridad y se actúe en consecuencia. Por otro, porque la creatividad y, en general, los beneficios que reporta una gestión integral de las personas permite encontrar vías para trascender las dualidades empresariales y resolver las tensiones que generan. Como veremos a continuación, la cultura también presenta esta conexión con la tríada realidad – ser humano – éxito y con las dualidades empresariales.

Cultura compartida

Las civilizaciones, naciones o cualquier otra comunidad humana generan una cultura que les es propia. Dicha cultura supone una determinada visión del mundo, unos valores y unas actitudes que, apoyándose en el lenguaje y en la socialización, son generados y transmitidos a los miembros que forman la comunidad. Como vimos en el capítulo primero, funciona como un filtro entre los miembros del grupo humano y el mundo que les rodea. Al ser un filtro compartido, la cultura permite que los miembros discriminen la ingente cantidad de información que les rodea de manera homogénea. De esta forma, la cultura es el pegamento que les mantiene unidos y les mueve a actuar, comportarse y relacionarse con los otros miembros y con el entorno de una determinada manera. De ahí su incuestionable importancia en el devenir de la comunidad y de cada uno de sus integrantes.

Las empresas, independientemente del tipo que sean y el propósito que tengan, también poseen su cultura como comunidades humanas que son. Las empresas íntegras son conscientes de este hecho y de la trascendencia de concederle la importancia que tiene. Aunque cada empresa tendrá su propia cultura, las que se distinguen por su integridad tienen unas características culturales comunes. Seguidamente, comentaremos las principales.

Una característica primordial de la cultura de la empresa íntegra es la **coherencia**. Nos explicaremos. Como hemos dicho, todas las empresas generan una cultura que les es propia. Y la mayoría la plasma en documentos que sirven, o deberían servir, para transmitirla a sus integrantes y conseguir que éstos la interioricen y hagan suya. A ésta cultura escrita la denominaremos cultura oficial. Lo que sucede es que, en numerosas empresas, sobre todo desde que el pensamiento económico liberal fue haciendo su labor de zapa hasta alcanzar la preeminencia de que disfruta en la actualidad, esta cultura oficial suele divergir de forma importante de la cultura real y tácita, que es la que, en último término, está detrás de los comportamientos y decisiones de los miembros de la empresa. En la empresa íntegra la cultura real es, básicamente, la plasmación en la práctica de la cultura oficial. Porque ambas nacen de su esencia y la necesaria influencia del entorno en su cultura pasa por el filtro de dicha esencia. Es decir, la empresa íntegra no es ni una empresa veleta ni una empresa autista. Cuando se produce alguna divergencia entre la cultura oficial y la real es parte del proceso de aprendizaje y cambio en el que, por ser consustancial a la empresa íntegra, ésta siempre está inmersa. Por ello, en la empresa íntegra no cabe hablar de disonancia o esquizofrenia cultural sino de coherencia cultural dinámica.

Un elemento esencial de la cultura de una empresa es **el propósito**[43]. El propósito es lo que dota a cada empresa de su individualidad y suele concretarse en la **misión**, o razón de ser de la misma, y la **visión**, que sería lo que aspira a ser con el paso del tiempo. La primera responde a preguntas del tipo "¿para qué existo? ¿qué hace que mi presencia en el mundo tenga sentido?" y la segunda a cuestiones como "¿cómo quiero ser en el futuro?

¿cómo quiero que me perciban mis integrantes y las diferentes personas y organizaciones con las que me relaciono?". Visión y misión están interrelacionadas. La misión es la expresión de la manera en que la empresa pretende alcanzar su visión, y ésta última expresa el motivo por el que la empresa se plantea una determinada misión. En la empresa íntegra el contenido del propósito ha de ser compartido por sus componentes de una forma que les mueva profundamente, les haga sentirse orgullosos y les dé un sentido claro del comportamiento que se espera de ellos. Como se ha indicado en varias ocasiones, el propósito de una empresa íntegra es polifacético e incorpora las dos ideas siguientes:

- **La vocación de servicio.** Una empresa íntegra no se sirve de los diferentes recursos y posibilidades que le brinda el entorno buscando de forma egoísta el propio beneficio y desatendiendo las repercusiones de todo tipo que su existencia comporta para dicho entorno. Dado que una empresa está formada por personas y su actividad inherente es la producción de bienes y servicios para otras personas u organizaciones, ha de velar no sólo porque la ejecución de sus diversas operaciones suponga la generación de valor económico (interna y externamente) sino que ha de contemplar también de qué manera las mismas influyen en la satisfacción de las necesidades tanto de sus componentes como de la sociedad y el planeta en su conjunto, en su bienestar, en su desarrollo humano integral, y, en sentido amplio, en su posibilidad de vivir de una forma más satisfactoria y feliz. En definitiva, vocación de servicio hacia sus integrantes, la sociedad y el planeta.

- **La voluntad de permanecer en el tiempo.** Una empresa íntegra no es una actividad meramente económica sujeta a los intereses cortoplacistas o especulativos de sus accionistas. Por ello, el propósito ha de expresar o implicar la idea de que se trata de un proyecto que tiene una inequívoca voluntad de continuar de forma indefinida en el tiempo.

La vocación de servicio en el sentido profundo y amplio planteado requiere que todos los miembros de la organización compartan una forma de contemplar la tríada realidad - ser humano - éxito, unas normas de comportamiento, y una forma comprometida y activa de entender su papel en el desarrollo y progreso de la empresa. Por todo ello, y a fin de hacer realidad un propósito como el expuesto más arriba, la cultura de la empresa íntegra debe incorporar expresamente o promover tácitamente una serie de **valores, creencias, principios o actitudes** que sean profundamente interiorizados y plenamente vividos por sus miembros. Los principales temas que la empresa íntegra considera en los mismos son los siguientes:

- **Trascender las dualidades.** En el capítulo cuarto hemos visto cómo la gestión empresarial supone lidiar con tres dualidades fundamentales. Hacerlo de forma adecuada, es decir, buscando y encontrando la complementariedad de los opuestos y aprovechando al máximo la tensión creativa que liberan las polaridades cuando las dualidades son bien gestionadas, es condición *sine qua non* de la empresa íntegra. Por ello, sus valores han de hacer posible la gestión óptima de las dualidades.

- **Aprendizaje y creatividad.** Sin duda, la capacidad de aprender y de crear nuevas alternativas que dieran respuesta a los retos y permitieran aprovechar las oportunidades que se iban planteando, es lo que ha permitido el fenomenal despliegue de la vida en nuestro planeta. Y dado que lo único permanente es el cambio, aprender y crear es lo que permite que la vida siga floreciendo. Por supuesto, lo mismo cabe afirmar en relación con el ser humano: su capacidad de aprender y crear es lo que ha permitido la evolución y el progreso del género *homo* en el tiempo. Por tanto, podemos afirmar taxativamente que las capacidades de aprendizaje y de creatividad son consustanciales a la naturaleza humana. Promover y aprovechar esta capacidad intrínseca de las personas es uno de los factores clave que permite a la empresa íntegra prosperar en un entorno cambiante y turbulento y, al mismo tiempo, contribuye a que sus componentes puedan expresarse y desarrollarse de forma integral. Asimismo, aprender y crear es lo que permite encontrar vías novedosas en los momentos en que los polos de las dualidades se presentan como contradictorios.

- **Iniciativa y espíritu emprendedor.** El espíritu emprendedor, fundamento y sentido último de la iniciativa empresarial, ha de mantenerse y promoverse activamente entre todos los componentes de la empresa íntegra. La capacidad de aprender y de crear son los complementos ideales y necesarios del genuino espíritu emprendedor (es decir, el que no busca simplemente copiar lo ya existente). Es más, cabe decir que creatividad, aprendizaje, iniciativa y espíritu emprendedor son características que se necesitan mutuamente de una manera tan profunda que ninguna de ellas existe, o alcanza su máxima expresión en la práctica, si no va acompañada de las otras. Además, el carácter dinámico y cambiante de los entornos en que operan las empresas hace que no sea suficiente, como en el pasado, con que unos cuantos piensen y decidan y otros, simplemente, sigan instrucciones. Por el contrario, la empresa íntegra sabe que, para operar con éxito, es preciso fomentar la iniciativa y descentralizar la toma de decisiones. Y es consciente de que, para ello, es fundamental tener en cuenta que para fomentar la natural capacidad creativa de las personas y que éstas tengan iniciativa es preciso crear un clima en que, en marcado contraste con lo que pasa en tantas empresas, el miedo a equivocarse no sea una barrera paralizante ni exista la tendencia a ocultar los errores sino que, por el contrario, su comisión sea percibida como una etapa, muchas veces inevitable, del proceso de aprendizaje.

- **Ecuanimidad y responsabilidad.** En la vida hay altos y bajos. Situaciones en las que todo va viento en popa y otras en las que, hagamos lo que hagamos, todo se tuerce. La empresa íntegra, consciente de que, en su devenir, habrá momentos mejores y peores, promueve entre sus componentes la constancia de ánimo tanto en unos como en otros. Basa esta ecuanimidad en la sabiduría (ambos, antes o después, pasarán) y en la aceptación (las cosas son como son). Pero la aceptación no es sinónimo de resignación o pasividad. La empresa íntegra promueve que las personas se sientan responsables de sus actos. Promueve la responsabilidad, de la que hablamos en el capítulo primero, que no tiene nada que ver con la culpa. Es una responsabilidad activa, que nos hace protagonistas de nuestra realidad y que es condición *sine qua non* de la auténtica libertad. Tanto la ecuanimidad como la responsabilidad son ingredientes esenciales de la resiliencia, capacidad útil en todos los órdenes de la vida y más en el convulso mundo empresarial.

- **Respeto, confianza y transparencia.** Todos los seres humanos, independientemente de su raza, cultura, sexo, edad y condición social son esencialmente dignos de respeto. A poca sensibilidad que tengamos, nos damos cuenta de que cuando no respetamos a las personas con las que nos relacionamos el vínculo sufre, su desarrollo exige grandes esfuerzos y, cuando avanza, es porque hay otras condiciones contextuales que empujan en esa dirección. Es decir, sin respeto las relaciones no fluyen con naturalidad[44]. La empresa íntegra es consciente de que se trata de un valor que no permite excepciones ni cortapisas. Sabe que si no respetamos a un colaborador no podemos pedirle que respete a los demás. Que si no nos respetamos a nosotros mismos, es difícil sentir respeto por los demás. Podremos sentir miedo, admiración o lo que sea, pero no respeto. Y que sólo nos sentimos auténticamente respetados cuando nos sentimos partícipes, cuando tenemos la oportunidad de contribuir, cuando podemos expresar y desarrollar nuestras cualidades humanas. Asimismo, la empresa íntegra fomenta la confianza entre las personas que la integran y entre éstas y las personas del entorno con las que interactúan. Inseparable de la confianza es la transparencia. Cuando no hay transparencia surgen la duda y el recelo. Por otro lado, la iniciativa y el espíritu emprendedor requieren de la transparencia para poder expresarse con vigor. Por todo ello, la empresa íntegra potencia la máxima transparencia tanto interna como externamente. Sabe que fundamentar las relaciones humanas en el respeto incondicional y la transparencia permite que la confianza surja y se construya sobre un terreno sólido, lo que resulta de la máxima importancia en unos momentos en que el conocimiento es clave y el acceso al mismo o la posibilidad de desarrollarlo exige relacionarse y colaborar con otras personas.

- **Proyecto común.** Como dijo el economista y filósofo Charles Handy[45], "si el progreso económico implica que nos convirtamos en engranajes anónimos de una gran máquina, entonces el progreso es una promesa vacía." La empresa íntegra sabe que la idea de proyecto común, de que todas las personas que trabajan en la empresa forman parte de un todo con el que se identifican, es absolutamente imprescindible para que esta idea vacía de progreso no triunfe. Es una idea fundamental para que la empresa íntegra disfrute de un auténtico progreso y, con ella, sus componentes y el entorno donde opera.

En resumen, en la empresa íntegra prevalecen los valores del ser sobre los valores del tener. Y este hecho influye decisivamente en la concepción de un tema tan importante para la sociedad y para la empresa como el conocimiento. Indudablemente, la empresa íntegra busca y desarrolla conocimiento, lo considera un activo de la máxima importancia y procura que el mismo alimente los procesos de innovación de sus productos y servicios, de forma que éstos incrementen su capacidad de satisfacer necesidades y crear valor. En este sentido, el conocimiento es para la empresa íntegra un instrumento útil que es importante poseer y gestionar de forma adecuada. Pero para la empresa íntegra el conocimiento más valioso es el que posee un carácter transformador. El conocimiento que nos hace diferentes y mejores. El conocimiento cuya posesión transforma nuestro ser. En definitiva, el conocimiento que es sabiduría y que, por tanto, contribuye a hacer más sabias a sus personas y a la empresa en su conjunto. En cierta medida, los valores del tener son la base para hacer realidad su voluntad de permanencia en el tiempo y los valores del ser el fundamento indispensable que alimenta su vocación de servicio.

Las líneas maestras de la cultura compartida que hemos descrito son el *software* de la empresa íntegra. Pero para que éste promueva los comportamientos esperados necesita que el *hardware*, los aspectos organizativos que veremos a continuación, tengan unas características determinadas.

Aspectos organizativos

Como es bien sabido, la organización es consustancial a la institución empresarial. Efectivamente, todas las empresas comparten, en mayor o menor medida, una serie de aspectos organizativos. Ciñéndonos a los principales, las empresas se dotan de una estrategia y de la estructura más adecuada para apoyarla; deciden cuáles serán los procesos y procedimientos que les permitirán gobernar y gestionar la empresa, dar a luz sus productos y servicios, y proporcionar el apoyo necesario a los anteriores; por último, establecen sus sistemas de planificación, recursos humanos, información, control, etc. Aun sin pretender restar importancia a ninguno de ellos, en este apartado vamos a referirnos a los que, en la empresa íntegra, presentan unas características más diferenciadas. Concretamente, a la estrategia y la estructura, a los sistemas de control y medida, y a varios de los sistemas de gestión de las personas. Asimismo, trataremos de otro que no todas las empresas formalizan y plasman en papel: el estilo directivo.

Antes de entrar en los aspectos organizativos indicados, es oportuno subrayar que la principal característica de éstos en la empresa íntegra es, como en el caso de la cultura compartida, la coherencia. La interrelación coherente entre los tres fundamentos (la forma de contemplar a las personas, la cultura compartida y el andamiaje organizativo), es fundamental para que la idea de empresa íntegra que estamos presentando se convierta en realidad. Si la organización de que nos dotamos no contribuye a que la cultura deseada sea interiorizada por las personas y esté realmente viva, todo el edificio que estamos construyendo colapsa como un castillo de naipes. En realidad, todo lo que diremos a continuación puede resumirse en esta palabra: coherencia.

Estrategia y estructura

Como es bien sabido, la estrategia apunta a los objetivos que la empresa pretende alcanzar y a la manera de conseguirlos. La estructura pretende dar soporte a la estrategia mediante el diseño de la organización y de las relaciones de poder entre sus miembros. Como veremos, la concepción de la estructura y de la estrategia depende de cómo se entienda la gestión de la polaridad diseño – emergencia creativa de la que hablamos en el capítulo cuarto.

En los albores de la empresa tal y como la entendemos hoy en día encontramos una de las máximas aberraciones a las que ha conducido la pretensión científica de la gestión empresarial: el taylorismo. La organización de una empresa no puede basarse en el tipo de disposición que encontramos en una máquina, en el que cada pieza hace lo que ha de hacer de forma totalmente previsible. Sin embargo, ésta es la idea que subyace en la concepción de la organización científica del trabajo que Frederick Taylor planteó a finales del siglo XIX[46]. Con el fin de aumentar la productividad, Taylor propuso que las empresas dividieran las distintas tareas del proceso de producción y establecieran claramente lo que cada trabajador tenía que hacer; no se esperaba que pensara, sino que cumpliera con los cometidos que se le asignaban de la manera más fiel posible. Ello trajo consigo el aislamiento del trabajador y su alienación respecto al propósito colectivo de la empresa. La concepción de Taylor no es sino la máxima expresión en el campo de la gestión empresarial del paradigma cartesiano reduccionista y mecanicista del que hablamos en el capítulo segundo. En el taylorismo, la tensión producto de la dualidad diseño – emergencia creativa desaparece de la manera más burda: el foco de la gestión se centra en el diseño y corta de raíz cualquier atisbo de emergencia. Aunque, sin duda, la visión extrema del taylorismo sea hoy en día difícil de encontrar en la mayoría de las empresas, la huella que ha dejado es poderosa y no es difícil de rastrear en muchas de ellas. Al menos una de las razones la encontramos en la enseñanza impartida en las escuelas de negocio. Como dijimos en el capítulo cuarto, imbuidas por la concepción dominante de la tríada "realidad – ser humano – éxito" su enseñanza ha hecho hincapié en el diseño. En sus aulas los directivos o futuros directivos aprenden a diseñar las empresas. Diseñar supone definir, acotar y fijar cómo queremos que se organice la empresa. Se diseña la estrategia, la estructura y los sistemas de control, y se espera que, a partir de ello, la empresa funcione con el máximo de previsibilidad. Como vemos, la huella del ideal taylorista y, por tanto, la desconfianza en el ser humano y, en definitiva, el miedo, siguen estando presentes.

En contraposición al taylorismo, la empresa íntegra es una organización compuesta por seres humanos íntegros, no por piezas mecánicas. Por ello, en su concepción de la estrategia y de la estructura conviven armónicamente el diseño con la emergencia creativa. Las estrategias y estructuras formales fruto del diseño no dejan de existir y de tener su importancia, pero coexisten con las estrategias y las estructuras informales hijas de la emergencia. Y, como vimos en el capítulo cuarto, ambas se retroalimentan. El diseño de la estrategia y la estructura permite la emergencia y ésta da lugar a objetivos imprevistos y equipos espontáneos, interfuncionales y temporales que, si se considera apropiado, pueden convertirse en modelo de nuevos diseños.

Todo músico o aficionado a la música sabe que, para que exista armonía musical, el silencio es tan importante como el sonido. Como dijo el gran Miles Davis, maestro de los silencios, el silencio es más fuerte que el sonido. De igual forma, los directivos de la empresa íntegra saben que su tendencia a hacer (diseñar, estructurar, planificar …) ha de convivir en armonía con el no hacer. Sin duda, concebir de esta manera la estrategia y la estructura es más complejo: además de lápiz, escuadra y cartabón se precisan alma, coraje y confianza.

Sistemas de gestión de personas

Todas las empresas establecen sistemas de gestión de recursos humanos más o menos formales. Entre ellos cabe destacar los de selección y acogida, formación, promoción y evaluación del desempeño. En un buen número de empresas, muchos de estos sistemas se caracterizan por ser muy burocráticos y, lo que es peor, por no guardar demasiada relación con la cultura oficial. Sin embargo, tienen mucho que ver con la conformación de la cultura real y, por tanto, con el fenómeno de la disonancia cultural planteado anteriormente.

En el caso de la empresa íntegra, poco hay que decir que no sea volver a subrayar la importancia de su coherencia con la cultura. Por ejemplo, los sistemas de selección dedican más recursos y esfuerzos a considerar el potencial de encaje de los candidatos con la cultura de la empresa, que a evaluar el nivel de sus conocimientos y experiencia. De igual forma, los sistemas de evaluación del desempeño y promoción tienen muy en cuenta hasta qué punto el comportamiento de los interesados muestra un alto grado de interiorización de los valores y potencial de convertirse en encarnación del estilo directivo deseado.

Vamos a detenernos algo más en los sistemas de formación. En numerosas empresas sus contenidos responden a las necesidades detectadas en el proceso de evaluación del desempeño. Y no hay nada que objetar. Efectivamente, si se detectan carencias en, por ejemplo, idiomas, conocimientos técnicos o habilidades directivas, lo lógico es que la formación proporcionada por la propia empresa o por profesionales externos esté dedicada a corregir dichas carencias. En la empresa íntegra los esfuerzos en formación van más allá. Recordemos que su propósito incluye el desarrollo integral de sus personas.

Como es bien sabido, muchas empresas dedican recursos a promover la salud de su personal mediante, por ejemplo, formación en hábitos alimentarios sanos y actividades deportivas diversas. Saben, por experiencia, el impacto positivo que ello tiene en su bienestar, en su nivel de estrés, en la tasa de absentismo y, en definitiva, en su rendimiento.

138

La empresa íntegra, además de preocuparse por la salud y el bienestar físico de sus personas, amplía el abanico de actividades, profundizando en lo relacionado con la salud emocional y ensanchando su espectro para incluir el desarrollo espiritual. Por ello, impulsa la práctica de herramientas que favorecen el autoconocimiento. En este sentido, siguiendo las conclusiones y propuestas de las neurociencias y la psicología positiva, un número creciente de empresas está comprobando los beneficios de promover diversas prácticas meditativas centradas en el desarrollo de la atención plena, la capacidad de perdonar, el agradecimiento y la actitud compasiva. Esto no debería suponer ninguna sorpresa, porque los estudios científicos han demostrado una y otra vez el positivo impacto de las prácticas meditativas en la salud en general. Desde menos estrés, menos dolores y mejor sistema inmunitario a menos ansiedad, menos negatividad, más positividad, mayor resiliencia, mejores relaciones y más capacidad de compasión[47]. En cualquier caso, como este tema puede despertar cierto escepticismo, explicaremos dos hechos que, esperamos, contribuyan a reforzar su credibilidad.

Daniel Goleman es un psicólogo que ha adquirido un enorme prestigio, tanto en su área de especialidad como en el mundo empresarial y en la sociedad en general, como difusor de la importancia de la inteligencia emocional. Pues bien, su primer libro, producto de la investigación que realizó para su tesis doctoral y más tarde como estudiante postdoctoral, fue **The Me-**

ditative Mind, centrado en la descripción y explicación de los beneficios de las prácticas meditativas de diferentes culturas y tradiciones. Asimismo, es miembro del Mind and Life Institute, dedicado a promover el diálogo entre el Dalai Lama y la ciencia. Fruto de ello son sus libros **Healing Emotions: Conversations with the Dalai Lama on Mindfulness, Emotions, and Health**, publicado en 1997, y **Destructive Emotions: How Can We Overcome Them? A Scientific Dialogue with the Dalai Lama**, publicado en 2003. Ambos libros resumen los diálogos mantenidos por el Dalai Lama y distinguidos neurocientíficos, psicólogos y filósofos.

El otro hecho es el siguiente. Recientemente se llevó a cabo un estudio, financiado por la Comisión Europea y realizado por profesores e investigadores de cuatro escuelas de negocios, en el que participaron veinte compañías multinacionales y un centenar de directivos. Como el título del artículo científico fruto del estudio indica[48], el objetivo fue encontrar evidencia experimental sobre la efectividad de diferentes enfoques formativos a la hora de promover un comportamiento socialmente responsable en directivos. Las conclusiones son elocuentes: mientras la formación tradicional (conferencias, discusión de casos, etc.) tuvo un impacto en el nivel de conocimiento sobre responsabilidad social empresarial de los directivos pero no en sus valores ni en su comportamiento, la formación y la práctica de la meditación durante un período de seis semanas tuvo un significativo impacto cognitivo, afectivo y en los valores de los directivos. En el terreno afectivo, los directivos aumentaron su nivel de felicidad, mientras disminuyeron emociones como la cólera, la insatisfacción con uno mismo o la tristeza; aumentó también su bienestar físico y mental, disminuyendo el sentimiento de cansancio y el nerviosismo; aumentaron la autoconfianza, la inspiración y la autenticidad; por último, los niveles de estrés y ansiedad disminuyeron de forma importante. En lo que respecta a los valores, los directivos mostraron un significativo incremento en los relacionados con la autotrascendencia (sabiduría, perdón, armonía interna, unidad con la naturaleza, responsabilidad, belleza del mundo, amor maduro) y una significativa reducción en la importancia que atribuían a "preservar mi imagen pública". Y, lo que es más importante, todo ello produjo un cambio en su comportamiento.

Sistemas de control

En la forma de entender el control en la mayoría de las empresas, encontramos otra reminiscencia del racionalismo y el taylorismo en el énfasis en la medida. En general, en el mundo empresarial se considera que entre gestión y medida existe un vínculo ineludible. La sentencia "sólo gestionamos lo que medimos" se ha convertido en una verdad irrefutable. Efectivamente, medir nos puede permitir tener un mejor conocimien-

to de lo que pasa y, por tanto, aportarnos elementos de
juicio que faciliten la toma
de decisiones. Pero medir
también tiene limitaciones y
peligros que, si se pasan por
alto, pueden conducir a lectu-
ras de la realidad, actuaciones
y decisiones erróneas y per-
niciosas. La creencia acrítica
sobre la bondad de la medi-

da procede de la concepción mecanicista y reduccionista de la
realidad característica del racionalismo. Para el racionalismo, la
realidad puede ser diseccionada como se haría con un cadáver.
Los diferentes componentes-engranajes del mundo-máquina
son separados y analizados en profundidad en la creencia de
que, de esta forma, es posible alcanzar el conocimiento absoluto. En esta línea, Galileo eliminó de la ciencia lo cualitativo
y la circunscribió al estudio de los fenómenos que pudieran
ser medibles y cuantificables. Como dijo el psiquiatra Ronald
Laing: "El programa de Galileo nos ofrece un mundo muerto:
fuera quedan la vista, el sonido, el gusto, el tacto y el olor y con
ellos desaparecen la sensibilidad estética y ética, los valores, las
cualidades, el alma, la consciencia y el espíritu. La experiencia como tal queda excluida del reino del discurso científico.
Probablemente nada haya cambiado tanto nuestro mundo en

los últimos cuatrocientos años como el ambicioso programa de Galileo. Teníamos que destruir el mundo primero en teoría, para poder hacerlo después en la práctica"[49]. La empresa íntegra es consciente de las contribuciones de la medida pero también de sus limitaciones. Es consciente de que los modelos que construimos y las métricas que usamos nos aportan luz, pero también de que toda luz produce sombra. Por ello, reconoce la importancia de medir, pero también de recordar siempre que un modelo o una métrica incluyen sólo lo evidente, lo mensurable, pero, inevitablemente, excluyen aspectos de la realidad y de la naturaleza humana que pueden tener tanta o más importancia. En definitiva, la empresa íntegra mide, pero sin caer en excesos ni idolatrar la medida.

Estilo directivo

El estilo directivo es un aspecto organizativo a caballo entre la estructura, por su relación con la noción y el desempeño del poder, y el liderazgo y la gestión de las personas. En ocasiones, sobre todo cuando el tamaño o la dispersión geográfica lo aconsejan, la empresa íntegra plasma en papel el estilo de dirección que espera de sus directivos y cuadros. Para hacerlo realidad, proporciona a sus directivos la formación y el apoyo necesarios. De forma consistente con su concepción de las personas y su cultura, la empresa íntegra promueve un estilo directivo caracterizado por la vocación de servicio, la confianza, el ejemplo, la compasión y la autoridad moral. En numerosas empresas, influidas por la concepción negativa del ser humano y, en consecuencia, dominadas por la desconfianza y el miedo, la relación entre directivo y colaborador está basada en el control y en el poder jerárquico. Por el contrario, el directivo de la empresa íntegra confía en sus colaboradores, en su compromiso y buena voluntad, y se pone a su servicio para ayudarles en todo lo que puedan necesitar y contribuir a su desarrollo y crecimiento personal y profesional. Y la forma de conseguirlo y, en general, de transmitir la cultura de la empresa a sus colaboradores, es a través de su ejemplo. Porque el comportamiento de los seres humanos se forja, fundamentalmente, en la imitación. En esta línea, en su artículo "Desarrollando líderes sostenibles por medio del coaching y de la compasión"[50], Richard Boyatzis explica que una de las funciones básicas del directivo debería ser contribuir al desarrollo de sus colaboradores. Pero no con un enfoque puramente instrumental, sino con el propósito de favorecer su desarrollo integral como seres humanos. Y el directivo debe realizar esta tarea con un espíritu compasivo. Como afirma Boyatzis, la compasión en la búsqueda del desarrollo integral del colaborador contribuye decisivamente a contrarrestar el estrés que conlleva la labor directiva y, por tanto, a eliminar los efectos fisiológicos y psicológicos perniciosos del estrés en el directivo. En definitiva, el directivo de la empresa íntegra es un ejemplo vivo de lo que ésta quiere ser. Si la empresa íntegra desea que en su cultura primen el aprendizaje, la creatividad, la iniciativa, el espíritu emprendedor, la responsabilidad, la ecuanimidad, el respeto, la confianza, la transparencia o la vocación de servicio, el directivo ha de mostrarse dispuesto al aprendizaje, ha de ser creativo, tener iniciativa, ser emprendedor, responsable, ecuánime, respetuoso y transparente, y ha de confiar en las personas y estar dispuesto a servirlas. De esta forma, la relación de poder existente entre el directivo y el colaborador no está basada en el poder jerárquico (*potestas*) sino en la autoridad (*auctoritas*) que nace, además de su mayor conocimiento y experiencia, del comportamiento del directivo, que es, ante todo, un modelo a seguir.

Notas finales

El propósito de este capítulo ha sido presentar las características principales de la empresa íntegra. Para ello, nos hemos apoyado en las reflexiones que hicimos en los capítulos anteriores sobre la concepción dominante de la tríada "realidad – ser humano – éxito", sobre la necesidad de contemplar dicha tríada de forma más equilibrada y sobre la importancia de gestionar adecuadamente las dualidades empresariales fundamentales. Todo ello nos ha permitido profundizar en los rasgos esenciales y diferenciales de la empresa íntegra: cómo concibe a sus personas, qué cultura promueve y de qué organización se dota.

Somos conscientes de que algunos lectores desdeñarán las propuestas como ingenuas. Esta actitud es esperable y, aunque es preferible gustar a todo el mundo, no nos preocupa especialmente. Conocemos el mundo de la empresa y sabemos que en el mismo los directivos y cuadros de colmillos retorcidos no son *rara avis*. Simplemente, recordemos el proverbio con el que iniciamos la obra: cuando el dedo señala la luna el estúpido mira el dedo. En cualquier caso, aceptamos que, muy probablemente, algunos lectores adoptarán esta actitud.

Otros lectores, o al menos en eso confiamos, habrán sentido que las propuestas resonaban en sus mentes y en sus corazones. Y, algunos de ellos, se habrán quedado con una cierta sensación de impotencia: "nos gustan las propuestas pero ¿cómo se pueden llevar a la práctica?". Estos lectores nos preocupan más. En cierta medida, nos sentimos en deuda con ellos. Lo único que podemos decirles es que, aunque siendo realistas la empresa íntegra sea en su globalidad un invento por inventar, afortunadamente muchos directivos y empresarios la están construyendo cada día con su esfuerzo, saber y humanidad. Asimismo, recordemos que en la introducción avisamos de que nuestro propósito era contribuir a la reflexión y no dar recetas. La gestión empresarial es más un arte que una ciencia y, por tanto, las recetas pueden ser útiles como inspiración, pero es el empresario o directivo el que ha de cocinarlas con los ingredientes que tiene a su disposición y darles su toque personal. En cualquier caso, avanzar por el camino que nos lleva hacia la empresa íntegra es, en sí mismo, un regalo. Un regalo que dota de sentido la vida de los que lo emprenden y de los que los rodean. Asimismo, estamos seguros de que es un regalo que, cuando el número de los caminantes alcance una masa crítica, contribuirá a que la vida de los seres humanos de hoy y de mañana sea más plena y feliz.

Notas

Capítulo 5

[40] En su libro **Flow: The Psychology of Optimal Experience** (Harper and Row, New York, 1990), Mihály Csikszentmihályi dice: "El estado de flujo o de absorción en la tarea que se está realizando, se caracteriza por una intensa concentración, pérdida de la autoconciencia, un sentimiento de estar afrontando un nivel de reto apropiado (no sentirse ni aburrido ni superado) y el sentimiento de que el tiempo vuela. El estado de flujo es una experiencia intrínsecamente gratificante y puede ayudar a alcanzar un objetivo o a mejorar nuestras habilidades".

[41] Fredrickson, Barbara, **Positivity**, Three Rivers Press, New York, 2009.

⁴² Fredrickson, Barbara and Marcial Losada, *Possitive Affect and the Complex Dynamics of Human Flourishing*, **American Psychologist**, October 2005.

⁴³ Algunas de las ideas sobre el propósito y los valores que se presentan en este apartado se incluyeron en la obra Rodríguez Badal, Miguel Ángel, **Cultura de la empresa del siglo XXI: una propuesta**, editada por la Fundación Bertelsmann y el Club de Excelencia en Sostenibilidad en 2009.

⁴⁴ Es importante resaltar que el respeto que merece cualquier persona por el simple hecho de serlo no implica que hayamos de estar de acuerdo con su comportamiento. El respeto incondicional supone separar la esencia de las personas de sus comportamientos concretos.

⁴⁵ Handy, Charles, **The Empty Raincoat: Making Sense of the Future**, Random House, 1994.

⁴⁶ Frederick Taylor, **The Principles of Scientific Management**, Kessinger, 2004.

⁴⁷ A modo de ejemplo, véanse los siguientes trabajos: Kabat-Zinn, John, *Mindfulness-based interventions in context: past, present and future*, **Clinical Psychology: Science and Practice**, 10 (2), 2003; Davidson, R.J. et al, *Alterations in brain and immune function produced by mindfulness meditations*, **Psychosomatic Medicine**, 65, 2004; Easterlin, B.L. and E. Cardeña, *Cognitive and emotional differences between short- and long-term Vipassana me-*

ditators, **Imagination, Cognition and Personality**, 18; Lazar, S. et al., *Meditation experience is associated with increased cortical thinkness*. **NeuroReport**, 16(17), 2005; Lutz, A. et al., *Long-term meditators self-induce high-amplitude gamma synchrony during mental practice*, **Proceedings of the National Academy of Sciences**, 101(46), 2004; Walsh, R. and S. Shapiro, *The Meeting of Meditative Disciplines and Western Psychology: A Mutually Enriching Dialogue*, **American Psychologist**, 61(3), 2004.

[48] Schneider, Susan, Maurizio Zollo and Ramesh Manosha, *Developing Socially Responsible Behaviour in Managers. Experimental Evidence of the Effectiveness of Different Approaches to Management Education*, **Journal of Corporate Citizenship**, 39, Autumn 2010.

[49] En Fritjof Capra, **The Web of Life: A New Scientific Understanding of Living Systems**, First Anchor Books, 1996.

[50] Boyatzis, Richard and al., *Developing Sustainable Leaders Through Coaching and Compassion*, **Academy of Management Learning and Education**, 5(1), 2006.

Epílogo

D. Quijote: Y bien, mi buen Sancho. ¿Qué te ha parecido el libro?

Sancho: Vuesa Merced, una buena señal es que me lo he leído en dos sentadas. Y no lo leí de un tirón porque mis tripas parecían una orquesta y tuve que agenciarme un plato de potaje para acallarlas.

D. Quijote: Y, ¿te ha gustado?

Sancho: Pues un poco quijotesco ya es … Pero tiene enjundia.

D. Quijote: Y, ¿qué más puedes decirme?

Sancho: Que quizá unos cuantos ejemplos de empresas no le hubieran ido mal.

D. Quijote: Mi buen Sancho, te concedo parte de razón. Pero cuando lo comencé, dos objetivos colmaban mi mente: que fuera breve, para que más lectores se animaran a leerlo, y que moviera a la reflexión. Y me preocupaba que, cogiendo el rábano por las hojas, algunos lectores se quedaran con la anécdota en lugar de con el mensaje.

Sancho: No seré yo quien lleve la contraria a Vuesa Merced. Pero tenga por seguro que más de uno y más de dos dirá que el libro es utópico.

D. Quijote: Sancho, recuerda que no hay peor sordo que el no quiere oír. Sé que habrá quien, amparándose en la excusa "es pura utopía", desecharán sin más las reflexiones y las propuestas de la obra.

Sancho: Pero mostrar cómo esto lo hace esta empresa de aquí y estotro la de acullá, podría evitar que lo tildaran de utópico.

D. Quijote: Quizá, en toda su puridad, la empresa íntegra sea utópica. Pero, de utopía no tiene nada. Afortunadamente, numerosas empresas están en su onda. Siguiendo tu consejo, la ilustración de la empresa íntegra puede que sea el motivo de mi próxima aventura.

Sancho: Si es así, Vuesa Merced encontrará en mi humilde persona un ávido lector.

D. Quijote: Sea como fuere, mi buen Sancho, si con La empresa íntegra he conseguido mover las seseras y los ánimos de algunos lectores y, especialmente, de algunos directivos, empresarios y otros cuyas responsabilidades y poderes les otorgan la capacidad de desfacer los entuertos de que habla la obra, mi satisfacción será plena.

Lecina, Sierra de Guara, verano de 2011